AF544576

Alfred Sobel

›Gute Ehen werden in der Hölle geschlossen‹

Alfred Sobel

›Gute Ehen werden in der Hölle geschlossen‹

Das wilde Leben des Künstlerpaares **Hugo Ball** und **Emmy Hennings** zwischen Dadaismus und Glauben

2. Auflage 2016
Hauptstr. 22, D-88353 Kißlegg
www.fe-medien.de

Sämtliche Abbildungen stammen aus dem Schweizerischen Literaturarchiv in Bern. Nachlass Emmy Hennings / Hugo Ball.

ISBN 978-3-86357-120-7

Umschlaggestaltung: Manuel Kimmerle

Druck: orth-druk, Białystok (Polen)

Printed in EU

»Bei uns scheint alles umgekehrt zu sein, anders als bei andern Leuten. Wir sind der Ansicht, dass gute, haltbare Ehen in der Hölle geschlossen werden und allmählich in den Himmel dringen.«

Emmy Hennings

Inhaltsverzeichnis

Vorwort

Die Lebensgeschichten von bekannten Liebes- und Ehepaaren haben ihre eigene Faszination.

Was Liebesromane erst erfinden müssen, bieten Paarbiografien in Wirklichkeit: das Zusammenleben zweier Menschen mit Höhen und Tiefen, Liebe und Leid, Alltagssorgen und künstlerischem Arbeiten.

Das Paar Emmy Hennings und Hugo Ball tritt 1916 mit einem spektakulären Auftritt ins Rampenlicht der modernen Kunst. Hugo Ball gründet in Zürich das ›Cabaret Voltaire‹, das zum Geburtsort des Dadaismus wird und sich zur radikalen Kritik, ja zum Umsturz bisher gültiger Kunstüberzeugungen, entwickelt. An seiner Seite steht Emmy Hennings, die als Künstlerin diesen Anfang aktiv mitgestaltet. Sie sind ein sehr ungleiches Paar: Emmy ist erlebnishungrig, kontaktfreudig, leicht zu begeistern, religiös und oft auf der Suche nach Männerbekanntschaften, Hugo hingegen ernst, unbeholfen, einsam, ungläubig und asketisch-intellektuell.

Wie soll man sich einem solchen Künstlerpaar nähern, das sich vor 100 Jahren findet und als ›wunderliches Paar‹ (Herrmann Hesse) zum Erstaunen aller über Jahre zusammenbleibt und eine Ehe führt, von der Emmy sagt: »Bei uns scheint alles umgekehrt zu sein, anders als bei andern Leuten. Wir sind der Ansicht, dass gute, haltbare Ehen in der Hölle geschlossen werden und allmählich in den Himmel dringen«?[1]

Beide stehen bei ihren ersten Begegnungen vor dem Nichts. In ihrer Orientierungslosigkeit suchen und treffen sie sich. Sie fühlen sich voneinander angezogen als Menschen, die auf der Suche sind nach einem Halt und Sinn des Lebens.

In vielen Büchern ist Hugo Balls Foto in einem kubistischen Kostüm abgedruckt, in dem er 1916 zu Beginn von ›Dada‹ erstmals Lautgedichte vorträgt, wobei die Gestalt Hugo Balls fast gänzlich hinter diesem Kostüm verschwindet, nur die schwarzen Augen schauen am Fotografen vorbei ins Weite.

Beim Betrachten weiterer Fotografien fällt auf, dass Ball sich zumeist dunkel kleidet. »Nie sah ich ihn anders gekleidet als schwarz«[2], schreibt die Schriftstellerin Claire Goll. Zumeist trägt er Krawatte oder eine Fliege. Neben seiner späteren Frau und den Freunden wirkt Ball sehr groß und dünn. Der Kopf ist schmal, das Gesicht hager, die bleichen Lippen sind zusammengepresst, aber am hervorstechendsten aber sind die schwarzen, eindringlichen Augen, die den Betrachter meist ernst und fast ein wenig schüchtern anschauen. Ball ist nicht leichtlebig, Eitelkeit und Pose sind ihm fremd. Aber auf Fotos mit Emmy Hennings setzt er oft ein sympathisches, gewinnendes Lächeln auf. Er scheint im Zusammensein mit ihr aufzublühen, ja, sie wird die Liebe seines Lebens.

Emmy Hennings hat sich gerne fotografieren lassen – im Nachlass finden sich einige hundert Abzüge: Was an ihr auffällt, sind die wachen, blauen Augen, die erwartungsvoll und sehnsüchtig den Betrachter anschauen. Sehnsucht ist eines der Gefühle, welches das ganze Leben Emmys durchzieht: »Ich wünsche, sehne sehr intensiv, es ist das Einzige, was ich kann, Sehnsucht, meine sprühendste Farbe …«[3] Sie hat Sehnsucht, Schauspielerin zu werden, Sehnsucht, in ferne Länder zu reisen, Sehnsucht nach Freiheit und Unabhängigkeit, Sehnsucht nach Gott und Sehnsucht nach Liebe, auch der körperlichen. Aus dieser Sehnsucht wird Sucht durch jahrelange Abhängigkeit von Drogen.

Sie hat einen fein geschnittenen, kleinen Mund und an den hervortretenden Backenknochen ist abzulesen, ob Emmy gerade im Elend lebt und hungern muss. Dann wird das Kinn spitz und sie wirkt sehr zerbrechlich. Oft in Pose, sieht man sie selten lachen. Wenn sie mit Hugo fotografiert wird, ist zumeist ihre Tochter dabei, es ist der Wunsch nach einer heilen Familie, obwohl sie immer wieder Probleme hat, ihre Mutterrolle anzunehmen.

Besonders ausdrucksstark ist ein Foto von dem Paar, das 1922 aufgenommen wurde. Die ›kleine‹ Emmy blickt lachend zum ›großen‹ Hugo auf, hat sich an ihn gelehnt und die Hand sanft auf sein Herz gebettet. Er weicht ein wenig vor ihr zurück, schaut lächelnd auf sie herab und hat seinen Arm zärtlich um sie gelegt (vgl. S. 12). Diese Geste drückt seine schützende Haltung aus, die Hugo zeitlebens ihr gegenüber an den Tag legt und sie schaut nach langen Jahren der Unsicherheit und der Beziehungskämpfe bewundernd zu ihm auf.

Zumeist lebt das Paar außerhalb der bürgerlichen Gesellschaft, immer am Rande des Existenzminimums. Was sie als Wahrheit erkannt haben, leben sie, koste, was es wolle. Sie schreiben Bücher, die ihnen wichtig sind, ohne einen Verlag zu haben, wagen sie immer wieder Neues und begehren gegen den Zeitgeist auf: in der Kunst mit der Gründung des Dadaismus, als Pazifisten und Kritiker des Militarismus während des I. Weltkrieges. Lange Zeit auf der Suche, finden sie ihren Lebenssinn im Katholizismus, den sie konsequent leben zum Unverständnis vieler Künstlerkollegen.

13 Jahre leben Emmy und Hugo zusammen, davon sieben Jahre verheiratet. Was hat sie zusammengeführt, was sie zum Paar gemacht? Neben Briefen, Erinnerungen und Dokumenten von Zeitgenossen schreibt Emmy mehrere autobiografi-

Hugo Ball und Emmy Hennings, Agnuzzo 1922

sche Romane sowie drei Biografien über ihr Zusammenleben mit Hugo Ball. Sie mischt in den Romanen Biografisches und Fiktives. Zweifellos handelt es sich bei vielen von Emmys Werken um Bekenntnisliteratur ihrer Liebe zu Hugo Ball, doch darf man ihren Ausführungen nicht immer trauen. »Mein Gedächtnis, die Erinnerung, ist eine Dichterin. Ich weiß, es kann manches, es kann alles anders gewesen sein.«[4]

Mancher mag über diesen freimütigen Umgang mit Fiktion und Realität irritiert sein, aber gibt es die historische Wahrheit? Bietet die Erinnerung nicht Geschichten statt Geschichte? Sind Fiktion und Realität nicht eng miteinander verbunden, wenn sich Vergangenes im Prozess der Erinnerung verändert, Gefühle und Gewesenes verklärt, umgedeutet oder vergessen wird?

Von Hugo erfahren wir Persönliches durch Tagebücher und seine Briefe, in denen er sich über seine Liebe zu Emmy äußert. Er schreibt ihr, als sie sich unsterblich in einen Spanier verliebt, berührende Liebesbriefe, wirbt um sie und überschüttet sie mit Kosenamen. Läuft mit einer Pistole durch Zürich, um den Konkurrenten zu bedrohen, dass dieser von ihr lässt, bis sie schließlich zögernd zurückkehrt.

Der außergewöhnliche Lebensweg dieser beiden schillernden Persönlichkeiten bietet Stoff für mehrere Bücher. Es ist die faszinierende Liebe zweier gegensätzlicher Persönlichkeiten mit vielen Höhen und Tiefen, die sich ihren gemeinsamen Weg über Jahre hin erkämpfen müssen, aber trotz aller Widrigkeiten immer wieder zusammenfinden.

»Bitte, geben Sie mir den Saal. Ich möchte ein Cabaret machen!«

Aus dem Hinterzimmer der Kneipe ›Meierei‹ in Zürich ist Anfang Februar 1916 ein fleißiges Hämmern und Räumen zu hören. Der Saal ist ein einziger Raum mit zugeklebten Fenstern, ohne Kleiderablage und mit schummriger Beleuchtung. An den schwarz gestrichenen Wänden bringen junge Männer futuristische Plakate und moderne Bilder zeitgenössischer Künstler wie Picasso, Giacometti, Hans Arp und Max Oppenheimer an. Eine junge Frau verteilt die Tische für etwa 50 Besucher im Raum, denn am Abend soll die Eröffnung des ›Cabaret Voltaire‹ stattfinden. Vor Wochen wurde Jan Ephraim, der Wirt der Kneipe, von einem hageren, jungen Mann angesprochen mit folgenden Worten: »Bitte, Herr Ephraim, geben Sie mir den Saal. Ich möchte ein Cabaret machen«.[1] Zunächst misstrauisch, erklärte Hugo Ball – so der Name des Bittstellers – dem Wirt, man wolle kein gewöhnliches Tingeltangel eröffnen, sondern ein literarisches Kabarett, wo Dichter und Maler ihre Künste darbieten könnten. Ephraim ließ sich schließlich breitschlagen.

Nach Erhalt der Erlaubnis rührten Ball und seine Freundin Emmy Hennings bei Künstlerfreunden die Werbetrommel. Beide waren 1915 wie viele Künstler vor dem gnadenlosen Krieg in die neutrale Schweiz geflüchtet und hatten sich bisher mehr schlecht als recht mit Auftritten in Kneipen und billigen Amüsierlokalen durchgeschlagen: Emmy als Sängerin und Tänzerin, Hugo als Klavierbegleitung und Texter.

»Bitte geben Sie mir ein Bild, eine Zeichnung, eine Gravüre. Ich möchte eine kleine Ausstellung mit meinem Cabaret verbinden«[2], bettelte Ball in Künstlerkreisen. Daraufhin stellte sich der Maler Hans Arp vor, der neben eigenen Arbeiten einige Picassos und andere Bilder anbot. Ball nahm auch Kontakt zu Zeitungen auf und in der Neuen Züricher Zeitung erschien tatsächlich folgende Mitteilung: »Künstlerkneipe Voltaire: Unter diesem Namen hat sich im Saale der ›Meierei‹ an der Spiegelgasse 1, eine Gesellschaft junger Künstler und Literaten etabliert [...]. Das Prinzip der Künstlerkneipe soll sein, dass bei den täglichen Zusammenkünften musikalische und rezitatorische Vorträge der als Gäste verkehrenden Künstler stattfinden, und es ergeht an die junge Künstlerschaft Zürichs die Einladung, sich ohne Rücksicht auf eine besondere Kunstrichtung mit Vorschlägen und Beiträgen einzufinden.«[3]

Am Abend des 5. Februars 1916 jedenfalls herrscht bei Hugo Ball, Emmy Hennings und Hans Arp, die den Raum herrichten, gespannte Erwartung, ob einige Künstler der Einladung folgen und Zuschauer kommen werden. Zwei Stunden vor Beginn der Veranstaltung öffnet sich vorsichtig die Tür zum ›Säli‹ und es erscheint eine orientalisch aussehende Gruppe von mehreren Männern mit Mappen und Bildern unter dem Arm. Sie verbeugen sich vielmals und stellen sich vor: Marcel Jano, Tristan Tzara und Georges Janco. Umgehend verständigt man sich ohne viele Worte und hängt Jancos Arbeit ›Erzengel‹ auf und Tzara erklärt sich bereit, am gleichen Abend eigene Verse vorzutragen.

Schon an diesem Eröffnungsabend ist das Lokal überfüllt. Der Zigarren- und Pfeifenrauch des zumeist jungen Publikums ist so dicht, dass man die Künstler auf dem Podium kaum erkennen kann. Das Publikum erwartet etwas Besonderes und wird nicht enttäuscht. Um kurz nach acht Uhr betritt Hugo Ball das Podium mit einem feinen Lächeln, entfaltet ein zerknülltes Stück Papier und wartet, bis sich der Lärm legt. Mit fester Stimme wendet er sich mit solchen oder ähnlichen Worten an die Zuschauer: »Meine Damen und Herren [...]. Das Cabaret Voltaire ist kein gewöhnliches Tingeltangel. Wir sind hier nicht zusammengekommen, um Froufrou und Beine zu sehen und Gassenhauer zu hören. Das Cabaret Voltaire ist eine Kulturstätte.«[4]

Der Abend ist eröffnet. In rascher Folge wechseln sich Chansons, Musikstücke, Rezitationen und Lesungen von unterschiedlichen Künstlern ab. An diesem ersten Abend spielt Hugo Ball Variationen auf dem Klavier und trägt Gedanken von Voltaire, Wedekind und aus eigenen Werken vor. Ein Höhepunkt ist der Auftritt von Tzara, der, mit feuriger Lebendigkeit und immer in Bewegung, eigene Verse deklamiert, die er theatralisch aus seinen Rocktaschen zusammensucht. Häufig unterbricht er den lebendigen Vortrag mit Schluchzen, Schreien und Pfeifen, was das Publikum zunächst ratlos und schweigend aufnimmt, um dann in Tumulte auszubrechen. Das ist der Moment für Emmy Hennings, die, begleitet von Ball, mit ihrer hellen, aber durchdringenden Stimme Berliner Gassenhauer und Chansons vorträgt und einen Sturm der Begeisterung erntet.

Die Premiere ist ein voller Erfolg, was wie ein Lauffeuer durch die Presse geht und durch Mundpropaganda in ganz Zürich bekannt wird. In den kommenden Wochen werden, während in Europa das Inferno des Ersten Weltkriegs tobt, die Lesungen, Aufführungen und Musikdarbietungen immer mutiger, verrückter und tumultartiger: Drei Personen lesen Simultangedichte vor, wobei gleichzeitig Texte auf Deutsch, Englisch und Französisch vorgetragen werden. Masken animieren zu spontanen Tänzen oder es erfolgen Rezitationen von Gedichten zu stark rhythmisierter Trommelbegleitung.

Das Cabaret Voltaire lärmt von nun an jeden Abend, zum Leidwesen der Anwohner, und führt seine Musik-, Gedicht- und Tanzorgien auf. Es existiert nur eine kurze Zeit, ein halbes Jahr zwischen Februar und Juni 1916, aber von ihm geht die Bewegung des ›Dadaismus‹ aus, der später internationale Berühmtheit erlangen wird. Die Idee hierzu stammt vom halb verhungerten, völlig mittellosen Emigrantenpaar Hugo Ball und Emmy Hennings, das seit 1915 in äußerster Armut in Zürich lebt und dessen Lebensgeschichte hier erzählt werden soll.

Emmy Hennings: Kindheit in Flensburg und Leben in der Bohème

»Achtzehn Jahre war ich alt,
und ich glaubte zu wissen,
was ich wollte.«[1]

Emmy Hennings

Emma Cordsen – später wird sie immer nur Emmy gerufen – wird am 17.01.1885 in Flensburg als Tochter des Seemanns und Werftarbeiters Ernst Cordsen und seiner Frau Anna geboren. Sie wächst in dürftigen Verhältnissen auf. In der Schule interessiert sich Emmy besonders für Gedichte und biblische Geschichten, der Umgang mit Zahlen hingegen bleibt für sie zeitlebens ein Buch mit sieben Siegeln. Sie schreibt lange Aufsätze, singt gerne und lernt Gedichte und Texte auswendig, um sie den Eltern oder Freunden vorzutragen. Sie ist ein fantasiebegabtes und mitfühlendes Mädchen.

»Schon als Kind liebte sie es, viele und lange Briefe zu schreiben… Rührende Todesanzeigen in der Zeitung konnten sie veranlassen, den Leidtragenden mit langen Kondolenzbriefen Mut und Hoffnung zuzusprechen«[2], berichtet ihre Tochter Annemarie. Von einem Theaterbesuch in ihrer Kindheit ist sie so beeindruckt, dass sie häufig das Flensburger Theater aufsucht und selbst Schauspielerin werden will. Sie verdient sich das Geld für Theaterbesuche, indem sie kleine Aushilfsarbeiten wie Schuhputzen oder Geschirrspülen annimmt. Emmy will unbedingt auf »die Bühne, die eben für mich keine Bühne war, sondern das Leben«[3]. Ihre Mutter aber hat nach Emmys kurzer Volksschulzeit andere Pläne für sie: Arbeiten als Dienstmädchen, Heirat, Kinder. Emmy fügt sich und verdingt sich zunächst als Haus- und Küchenhilfe in Privathaushalten und Gasthäusern, später als Kopiererin in einem Fotostudio.

In dem Buch ›Das flüchtige Spiel‹, das Emmy 1940 veröffentlicht, reflektiert die Hauptperson Helga, die stark autobiografische Züge trägt, die Gemütslage des Teenagers Emmy: »Meine Mutter und ich hegten also recht verschiedenartige Wünsche, die meiner Meinung nach, wenn das Glück es wollte, beide zugleich in Erfüllung gehen konnten. [...] Ich konnte Künstlerin sein, und mich zugleich verheiraten.«[4]

Der Wunsch Emmys, auf der Bühne zu stehen, geht in Erfüllung, als sie 1903 einer Laienspielgruppe beitritt, um in Gasthäusern populäre Stücke der Zeit zu spielen. Zugleich verliebt sich die schwärmerische 18-Jährige in einen der Akteure: den Schriftsetzer Joseph Hennings. »Wir waren sofort, wie schlagartig voneinander – ja – ich kann nicht anders sagen- bezaubert ... Wir flogen einander zu, als triebe uns eine Macht, die weit über unsere Kräfte hinausging. Niemals vorher und niemals später habe ich Ähnliches erlebt. Es war jene Verliebtheit auf den ersten Blick, die sich nicht erklären lässt und die auch keiner Erklärung bedarf.«[5]

Sie romantisiert sich eine Welt als Ehefrau und Künstlerin zusammen. Da sie im Dezember 1903 schwanger wird, heiraten sie am 13.2.1904 und im August bringt sie einen Sohn zur Welt, den das Paar Joseph nennt. Aber die schnell eingegangene Ehe wird ein Fiasko, zu groß sind die Gegensätze zwischen den Jungverheirateten. Trotz sexueller Anziehung will sich keine Harmonie einstellen, denn ihr Mann hat als Sozialist, Atheist und Abstinenzler grundlegend andere Lebenseinstellungen als Emmy.

Zudem entdeckt sie, dass eine Ehe ihrem Drang nach Unabhängigkeit zuwiderläuft: »Wohl trug ich das Verlangen nach seiner Zärtlichkeit, die ich zugleich verabscheute, weil die Hingabe an den Mann mich in eine Abhängigkeit trieb, die ich verabscheute. Ich wollte nicht das private Eigentum eines Mannes sein, und was manche Frauen ersehnen, sich einzig und allein einem Menschen hinzugeben – ich spürte es mehr und mehr –, das war nicht meine Sache.«[6]

Das Bewusstsein, in der Ehe von einem Menschen abhängig zu sein, widerspricht ihrem Drang nach Freiheit und zeigt, dass die junge Emmy Hennings ihre Unabhängigkeit nicht einer Beziehung opfern will. In diesen Zeilen wird neben dem Streben nach Freiheit auch ihr Verlangen nach körperlicher Liebe deutlich. Ihr graut es vor dem ›Gefängnis‹ Ehe, dass sie ›für immer gebunden ist‹, und zugleich fühlt sie sich ›im Sinnlichen stark befangen‹. Später führt sie jahrelang ein freizügiges Leben, knüpft, beinahe wie eine Süchtige, immer wieder neue Liebesbeziehungen, achtet aber zugleich auf ihre Unabhängigkeit. Sie kann Sex und Liebe trennen und aus Affären entwickeln sich oft lebenslange Freundschaften, wie z. B. mit Johannes R. Becher oder Erich Mühsam.

Welche Möglichkeiten gibt es zu Beginn des 20. Jahrhunderts für eine junge, verheiratete Frau, aus einer unglücklichen Ehe auszubrechen? Weglaufen, Rückkehr zur Mutter oder Selbstmord. Emmy ist verzweifelt und ratlos. Sie sieht für sich zunächst keinen Ausweg, dafür reagiert die Psyche der 19-Jährigen umso heftiger mit nervösen Lähmungen und Depressionen. Auf Vorschlag des Arztes bringt der Ortswechsel von Flensburg nach Elmshorn Besserung, wo das Ehepaar ein Konsumgeschäft betreibt. 1905 wird der kränkelnde Sohn Emmys Mutter übergeben, denn das Noch-Ehepaar schließt sich wieder einer Theatergruppe an, um an glücklichere Zeiten anzuknüpfen. Doch die Ehe ist nicht mehr zu retten, Joseph Hennings verlässt seine Frau und verschwindet wortlos aus ihrem Leben, als sie sich in einen anderen Schauspieler verliebt.

Im November 1905 stirbt ihr Sohn, aber da ist sie schon wieder schwanger von ihrer neuen Liebe: Wilhelm Vio, einem Schauspielerkollegen. Während das Wandertheater über die Dörfer zieht, bringt Emmy in Schlesien im August 1906 ein Mädchen zur Welt: Annemarie. Im Rückblick ist dieses Nomadenleben für sie eine glückliche Zeit: Der Enge des Elternhauses und der Ehe entflohen, kann sie vor Bauern und einfachem Landvolk Theater spielen – an einem Abend manchmal drei, vier Rollen.

Wieder wird das Kind der Mutter übergeben, welche die 21-Jährige beschwört, nicht mehr umherzuziehen und nun endlich ein bürgerliches Leben zu führen. Vergeblich. Emmy gehört zu denen, die ausbrechen wollen und sich ein anderes Leben wünschen. »Von einer Spielgier besessen, von einer Wander- und Melodiensucht, war selbst mein Kind nicht fähig, mich zurückzuhalten [...]. Es war, als triebe mich ein Dämon, dem ich nicht widerstehen konnte.«[7]

Diese unstillbare Wandersucht und dieser Erlebnishunger durchzieht das ganze Leben Emmy Hennings. Sie ist dauernd unterwegs und immer in Bewegung, denn Emmy will etwas erleben, ein selbstbestimmtes Leben führen, sich aus der kleinbürgerlichen Enge befreien und als Künstlerin erfolgreich sein. Sie sehnt sich nach Abenteuern und Selbstständigkeit. Aber sie hat kein »bestimmtes Ziel vor Augen. Meine Methode war, [...] mich nahezu blindlings den Zufällen des Lebens zu überlassen, was mir jenes Gefühl von Ungebundenheit, von Freiheit verschaffte, ohne das ich nicht hätte sein können.«[8] In diesen Worten deutet Emmy ihre späteren Schwierigkeiten an, feste Bindungen einzugehen.

Es folgt ein Nomadenleben von Engagement zu Engagement, von Ort zu Ort, wobei sie häufig aus Verträgen aussteigt, um reisen zu können. Statt Karriere am Theater zu machen, zieht sie nun als Sängerin und Schauspielerin durch Tingel-Tangel und Amüsierlokale quer durch Deutschland bis weit in den Osten nach Krakau und Russland. Emmy sieht in ihren Auftritten, dem Tanz und der Musik eine Möglichkeit der Selbstfindung.

Die Spontaneität und angestrebte Freiheit aber hat ihren Preis: bittere Not, Hunger, Bettelei und Gelegenheitsprostitution. Im 1920 erschienenen und als Tagebuch bezeichneten Werk ›Das Brandmal‹ beschreibt Emmy die harte Zeit ihres Wanderlebens zwischen 1903 und 1908. Es ist auch die literarische Aufarbeitung einer Frau, die aus materieller Not in die Prostitution gerät, für Geld ihren Körper verkauft und daran fast zerbricht.[9] Ihre Texte sprechen von dem Leid, das die ›Ware Liebe‹ mit sich bringt, von der Verzweiflung und der Selbstentfremdung: »Ich trage so viel fremdes Leid / Und wein' für andre viele Tränen./ Ich fühle unbekanntes Sehnen / Und gebe fremde Zärtlichkeit«[10], formuliert sie 1922 im Gedicht ›Fremde Zärtlichkeit‹.

Eine Rückkehr ins bürgerliche Leben und ans Theater wird für sie unmöglich. Zeit ihres Lebens lebt sie außerhalb der bürgerlichen Gesellschaft. In Hannover, wo sie im ›Moulin Rouge‹, einem Vergnügungsetablissement, auftritt, kommt sie 1909 in Kontakt mit Menschen, über die sie Zugang zu Berliner und Münchener Café- und Literatenkreise findet.

Sie entdeckt die Bohème mit ihrer betont antibürgerlichen Lebensweise und ihrem Protest gegen den wilhelminischen Obrigkeitsstaat: die Avantgarde der Schriftsteller, Dichter, Maler, Grafiker und Anarchisten. In dieser Atmosphäre fühlt sie sich zu Hause, sie ist nicht mehr Außenseiterin, sondern Teil der Szene, die über Literatur und Kunst diskutiert und selbst künstlerisch produktiv ist. Sie genießt dieses Leben in vollen Zügen, tritt in Berliner Künstlerkneipen wie dem ›Café des Westens‹ oder dem ›Linden-Cabaret‹ mit Liedern auf und wird in der Berliner Bohème bekannt und eine Attraktion.

Schnell passt sie sich einem neuen Lebensstil an: Äußerlich, indem sie ihre Locken abschneidet, um die Haare als Bubikopf kurz und glatt zu tragen. Sie raucht und trinkt, nimmt – wie viele andere in ihrem Umkreis – erstmals Drogen und geht gelegentlich auf den Strich, um Geld für sich oder einen ihrer brotlosen Bohème-Liebhaber zu verdienen.

Für die Zeit zwischen 1908 und 1913/14 bis zum Kennenlernen von Hugo Ball sind wir hauptsächlich auf die Zeugnisse von Freunden und Bekannten aus dem Umfeld von Emmy angewiesen. Sie übt eine große Ausstrahlung auf Literaten und Maler aus. Sie selber streift diese Zeit in ihren autobiografischen Werken nur am Rande, obwohl in diesen Jahren ihr Durchbruch als Kabarettsängerin, Diseuse und Malermodell, ihre Konversion zum Katholizismus (1911) und die Freundschaft und Bekanntschaft mit Künstlern wie Georg Heym, Erich Mühsam, Johannes R. Becher, Klabund und Jacob van Hoddis fällt. Offensichtlich schämt sich Emmy später für ihr Leben mit wilden Ausschweifungen in der Bohème Berlins und Münchens: ihre Drogenabhängigkeit, vor allem Äther, Morphium und Kokain, die sie in Lebensgefahr bringt. »Ich bin seit einiger Zeit äthersüchtig und vollkommen auf dem Hund. [...] Ich leide an Halluzinationen«[11], klagt sie in einem Brief im August 1912. Sie hat Affären und exzessive sexuelle Abenteuer, wovon ihr langjähriger Liebhaber Erich Mühsam mehrfach in seinem Tagebuch berichtet. »Das arme Mädel kriegt viel zu wenig Schlaf. Jeder will mit ihr schlafen, und da sie sehr gefällig ist, kommt sie nie zur Ruhe.«[12]

Emmy ist aber ob ihres Lebenswandels unglücklich und auf der Suche nach einem Halt und Sinn des Lebens. Nach der Übersiedlung von Berlin in die Münchener Bohème konvertiert Emmy 1911 vom bild- und gefühlsarm empfundenen Protestantismus zum Katholizismus, ohne ihren Lebensstil wesentlich zu ändern. Sie findet nicht die Kraft, aus dem Milieu auszusteigen und ein anderes Leben anzufangen. Die Entscheidung für den Glauben wird von ihrer Umgebung bespöttelt oder als exzentrische Inszenierung angesehen. Die Freunde übersehen aber, dass sich hinter ihrer Gier nach Leben eine religiöse Sehnsucht verbirgt, eine tief verwurzelte Glaubenssehnsucht. In ihren autobiografischen Schriften spricht sie davon, bereits als Kind von der katholischen Kirche mit ihrer reichen Bilderwelt und den geheimnisvollen Riten angezogen worden zu sein. Auf ihr tägliches Leben hat die Zuwendung zum Katholizismus freilich wenig Auswirkungen, denn sie übertritt weiterhin fast alle christlichen Gebote.

Ihre Tochter schreibt beschönigend über ihr widersprüchliches Leben in diesen Jahren: »Sie führte in jener Zeit ein recht seltsames und auch anstrengendes Leben: Von acht Uhr abends bis nachts um drei sang sie im Kabarett, wohnte am frühen Morgen um fünf Uhr der ersten Messe bei und begab sich erst dann für wenige Stunden zur Ruhe.«[13]

Für sich selbst reklamiert Emmy in einem Gedicht ein ›Anderssein‹: »Ich bin so vielfach in den Nächten. / Ich steige aus den dunklen Schächten. / Wie bunt entfaltet sich mein Anderssein«.[14] Heute würde man von »multipel« sprechen. Emmy ist eine Frau mit vielen Facetten, Widersprüchen und Unstetigkeiten auf der Suche nach dem ›wahren Leben‹. Sie lebt wild und unkonventionell in dem Bestreben, das Leben auszuprobieren, zugleich verzweifelt sie aber am Versuch, Sexualität und Religion miteinander zu verbinden. So schläft sie

1911 regelmäßig mit ihrem Liebhaber Hanns Bolz, um anschließend die furchtbarsten Flüche und Anklagen gegen ihn und gegen sich selbst zu erheben. Ihr Leben ist gekennzeichnet durch einen ausgeprägten Zwiespalt von sexuellen Abenteuern und Schuldgefühlen, von Glaubenssehnsucht und Selbstzweifel.

Anstoß für die Konversion 1911 ist eine schwere Typhuserkrankung im Jahr zuvor. Später führt eine weitere schwere Krankheit dazu, dem Leben erneut eine andere Richtung zu geben: Nach der spanischen Grippe wird sie 1920 Hugo Ball heiraten.

Der Glaube ist für sie ein wichtiger Halt in ihrem Leben. Auffällig ist, dass sie immer Partner sucht, mit denen sie sowohl das Leben als auch den Glauben teilen kann. Mit ihren Freunden, den Schriftstellern Ferdinand Hardekopf, Jakob van Hoddis, Hanns Bolz, Johannes R. Becher und später Hugo Ball, betet sie gemeinsam vor ihrem Hausaltar mit religiösen Bildern, Heiligenfiguren, Kerzen und Blumen. Sie sucht in den Männern Seelenverwandte, spürt sie das gleiche Interesse, lässt sie sich mit ihnen ein und teilt sogar für längere Zeit ihr Leben. Dem Katholizismus bleibt sie lebenslang treu wie den Zigaretten, dem Alkohol, der Kunst und dem Schreiben, das sie um 1910 in München entdeckt: »Ich kam hier rasch in einen Kreis von gebildeten Menschen, die natürlich einen sehr günstigen Einfluss auf mich ausübten. [...] Interessen, die vorher in mir geschlafen hatten, erwachten jetzt zum Leben. Ich wurde mit der bildenden Kunst und mit der modernen Literatur vertraut gemacht und lernte bewusster als vorher aufnehmen, was schön und gut war.«[15]

Emmy beginnt, kurze Prosastücke, Gedichte und Autobiografisches zu schreiben. Angeregt von der Lyrik der Expressionisten, verfasst sie Gedichte über die Themen Liebe, Leid und Drogen, die Franz Werfel auffallen und die er 1913 als Gedichtband unter dem Titel ›Die letzte Freude‹ herausgibt. Emmy hat nicht nur auf der Bühne Erfolg, sondern wird auch erstmals als Dichterin entdeckt.

Freie Liebesbeziehungen sind im Kreis der Berliner und Münchener Vorkriegs-Bohème gang und gäbe. Emmy gibt sich der Lust und ihren Gefühlen freizügig hin, auch Frauen gegenüber. Die Schattenseite der freien Liebe sind Geschlechtskrankheiten, eine Fehlgeburt und ungewollte Schwangerschaft samt Schwangerschaftsabbruch. Im Rückblick auf die Vorkriegsjahre notiert Emmy: »Wenn ich an jene Zeit zurückdenke, ist mir, als habe ich damals eine letzte, rührende, leidenschaftliche Sehnsucht nach wahrem Leben zusammengerafft«.[16] Wer hellhörig ist, spürt in diesen Worten ihr Verlangen nach einem anderen Leben.

Hugo Ball: Kindheit, Studium und Theater

»Beinahe alle haben ihn geliebt ...«[1]
Hermann Hesse

Hugo Ball wird am 22. Februar 1886 in Pirmasens als fünftes von sechs Kindern des Schuhreisenden und Lederhändlers Carl Ball und seiner Frau Josephina geboren. Im Elternhaus erfährt Ball eine streng katholische Erziehung. Nach 10 Schuljahren auf dem Königlichen Progymnasium zu Pirmasens beginnt Ball 1901, auf Drängen der Eltern, eine Lehre in einer Lederhandlung. Er führt nun ein anstrengendes Doppelleben: Am Tage mit stumpfsinniger Arbeit, nachts liest er, er komponiert und schreibt Dramen. Nach einem gesundheitlichen Zusammenbruch 1904 bricht Ball seine Lehre ab und besucht das Humanistische Gymnasium in Zweibrücken, wo er 1906 das Abitur ablegt. Statt, wie angestrebt, Dichter zu werden, nimmt er auf Wunsch der Eltern anschließend das Studium der Germanistik, Geschichte und Philosophie in München und Heidelberg auf, wo er Lehrveranstaltungen über Wagner, Schopenhauer und Nietzsche belegt. Ball ist ein fleißiger Student, der neben seinem Studium dichtet und komponiert und täglich wie ein Besessener 200 bis 300 Seiten Weltliteratur liest. Wie ein trockener Schwamm saugt er begierig alle Informationen auf, um sie ständig auf Zetteln zu notieren, ein Verhalten, das er bis an sein Lebensende fortführt.

Von seinem Vetter August wird Hugo als eigenbrötlerisch beschrieben, ohne Freunde, gehemmt, ernst und grüblerisch veranlagt. Ball ist kein lebensfroher und leichtlebiger Student, er »kleidete sich unauffällig solid, sein Streben verbarg er mehr, als dass er damit Aufsehen erregen wollte, und vor rastloser Arbeit fand er weder Zeit noch Lust zu Liebeleien. Aller studentische Rummel war ihm zuwider. Seinen Monatswechsel verwaltete er sorgsam. Er besuchte selten Theater oder Konzerte, und für Bier oder Wein war er schon gar nicht zu haben, überhaupt nicht für Rauschmittel.«[2] Umso mehr erstaunt, dass dieser mustergültige Student 1910 unerwartet sein Studium abbricht, ohne die geplante Dissertation über Nietzsche zu schreiben. Die Gründe hierfür bleiben unklar – er spricht nicht einmal mit seinen Eltern darüber.

Wie noch häufig später vollzieht er eine abrupte Kehrtwende, wechselt ins Theatermilieu und beginnt eine Ausbildung als Regieschüler des Deutschen Theaters in Berlin. Seine Eltern, die auf eine akademische Kariere gehofft haben, sind sehr enttäuscht und es kommt zu jahrelangen Spannungen mit dem Elternhaus, ja der Vater bricht den Kontakt zum Sohn ab und als Einzige hält seine Schwester Maria Kontakt zu Hugo.

1911 findet Ball seine erste Stelle als Regisseur und Dramaturg am Stadttheater Plauen, im Jahr darauf wechselt er in gleicher Funktion nach München an die ›Kammerspiele‹.

In München sucht er neben seinem Theaterengagement als Dramaturg Anschluss an die dortige Kunst- und Literaturszene und veröffentlicht Gedichte, Theaterstücke und Prosa. Ball blüht auf, geht unter Leute, trifft sich mit Klabund, Gottfried Benn, Else Lasker-Schüler, Carl Sternheim, besucht Kabaretts und schließt Freundschaft mit Hans Leybold. Der gehemmte, in sich verschlossene Außenseiter sprüht vor Experimentierfreude und saugt begierig die neuen Ideen auf, die mit den Futuristen, dem Expressionismus, den Stücken Frank Wedekinds und mit Wassily Kandinskys in der Luft liegen.

Im Nachhinein beschreibt Ball sein Erwachen in seinem Tagebuch: »1910–1914 war alles für mich Theater: das Leben, die Menschen, die Liebe, die Moral. Das Theater bedeutete mir: die unfassbare Freiheit«.[3]

Erste Bekanntschaft einer Kabarettsängerin und eines Theaterregisseurs

»Meine eigentliche Bekanntschaft mit Hugo fällt in die Epoche meines Lebens, die mir am unbegreiflichsten geblieben ist …«[1]

Emmy Hennings

Emmy Hennings hat um 1913 nicht den Sprung auf anerkannte Bühnen geschafft, dafür ist sie bekannt und gefragt in den Künstlercafés, Varietés und Kabaretts der Münchener Bohème. Sie tanzt, singt und rezitiert und fällt auf. In den alternativen Künstlerkreisen wird sie bewunderter und begehrter Mittelpunkt, heute würde man sagen: Sie ist ein Star in der Bohème-Szene.

Trotzdem ist Emmy Hennings mit ihrer Lebenssituation unzufrieden, die 27-jährige Diseuse, Sängerin und Dichterin steckt 1913/14 in einer existenziellen Krise. »Meine eigentliche Bekanntschaft mit Hugo Ball fällt in eine Epoche meines Lebens, die mir am unbegreiflichsten geblieben ist. […] Ich konnte kaum mehr mit mir selber gehen und war nahe daran, den Verkehr mit mir vollkommen abzubrechen. Mit meinem Beruf, allabendlich den Leuten etwas vorzusingen, war ich nicht zufrieden. Das leicht gewonnene Beliebtsein ermüdete mich. Vielleicht setzte die kleine Eitelkeit, das Interesse am Erfolg, aus oder drängte zu anderen, mir noch unbekannten

Dingen. Ich suchte, aber ich wusste nicht, was ich suchte. [...] Ich war am Ende.«[2]

In diesem Zustand begegnet sie dem ein Jahr jüngeren Hugo Ball, der in einer produktiven Lebensphase voller Schaffenskraft steckt. Neben seiner Arbeit an den Münchener Kammerspielen veröffentlicht er eine Tragikkomödie und Gedichte, gründet mit seinem Freund Hans Leybold die Zeitschrift ›Revolution‹ und begehrt gegen alles Bestehende auf. Es ist eine wilde Aufbruchstimmung, die den Außenseiter Ball in der Münchner Dichter-Bohème und alternativen Theaterszene ergriffen hat.

Auffällig ist, dass Emmy nach dem Tod von Hugo immer wieder auf ihre erste Begegnung zu sprechen kommt und mehrfach das Treffen beschreibt und variiert. Im Rückblick ist es für sie die entscheidende Begegnung ihres Lebens. Von den ersten Treffen im Spätherbst 1913 zwischen Emmy und Hugo gibt es drei Darstellungen, die alle von Emmy stammen.

In ›Ruf und Echo‹ schreibt Emmy z. B. über die erste Begegnung in der bekannten Münchener Künstlerkneipe ›Simplicissimus‹: »Von sieben Uhr abends bis drei Uhr nachts hatte ich dort zu singen. Volkslieder, Balladen und was sonst das Publikum erfreut. Meine ersten Gedichte waren schon damals erschienen, doch gefiel es mir auch recht gut, mein eigener Verleger zu sein. Ich schrieb die Gedichte von Hand und umwand schmale Bändchen mit bunter Seide, was dann eine hübsche Nebeneinnahme war. Eines Abends entdeckte ich, dass Herr Ball meine ›sämtlichen Werke‹ besaß. [...] Darum durfte er sich auch ein Lied aus meinem Repertoire aussuchen, das ich eigens ihm zu Gefallen dann sang. Ich erinnere mich, dass er mich um das Lied ›Nur Liebe ist Leben‹ bat. [...] Nachher lud er mich zu einer Erdbeerbowle ein. Da wollte auch ich mich erkenntlich zeigen und schenkte ihm eines meiner Bilder, eine Postkarte.«[3]

Emmy macht deutlich, dass die Initiative von Hugo Ball ausgeht. Wie bei vielen Liebespaaren, die ›ihr Lied haben‹, das mit der ersten Begegnung verbunden ist, kann sich Emmy lebenslang an das Lied erinnern, das beim ersten Zusammentreffen vorgetragen wird: ›Liebe ist Leben‹. Und es gibt einen besonderen Gegenstand, der beide verbindet: Fotos von ihr mit Widmung. Einige dieser Postkarten führt Ball bis zu seinem Lebensende in seiner Brieftasche mit sich. Eine kokette Widmung Emmys ist erhalten geblieben: »Verlieren Sie nicht Ihr Herz, denn Sie brauchen's noch beim Bergsteigen«.[4] Ball hat die Sängerin gleich am ersten Abend zu einer Bergtour eingeladen, was sie aber ablehnt, da ihr Engagement und der Drogenkonsum sie körperlich zu sehr anstrengte.

Emmy überschreibt 1929 das Kapitel ihrer ersten Begegnung mit ›Geschichte einer Bekanntschaft‹. Von Liebe ihrerseits ist keine Rede, aber Ball hingegen verliebt sich sofort Hals über Kopf in Emmy, obwohl er zu schüchtern ist, es ihr offen zu zeigen: »Ball hatte mir während einer Pause seine Verliebtheit mitgeteilt, aber keine nähere Angabe gemacht, ob er etwa in einen Menschen, in einen Baum oder in irgendeine Idee verliebt sei.«[5] Der verliebte Ball »sah mir langsam in die Augen. Ein leichtes Rot flog über sein junges Gesicht. Er schien etwas Besonderes sagen zu wollen, besann sich aber und schüttelte ein wenig verwirrt den Kopf.«[6]

Kurze Zeit später kommt es zu einer weiteren ›flüchtigen Begegnung‹, von der Emmy berichtet: »Er gab mir ein Gedicht, das ich kaum anzunehmen wagte, weil es mir ›unheimlich‹ war. Er las es mir vor, und mich ergriff die Furcht vor den Worten oder vor dem Menschen selbst, ich weiß es nicht. Das

Gedicht, betitelt ›Der Henker‹, war meines Empfindens nach ein Gemisch von Blasphemie und Frömmigkeit, unausgeglichen, ja tobend auch in der Form, ein ›Orkanstil‹, vor dem ich Angst hatte.«[7]

Da Hugo und Emmy ihre Lyrik in den gleichen Zeitschriften veröffentlichen, kennen sie natürlich die Gedichte des anderen. Ball, der von Emmys Gedichten weiß, versucht, als Avantgarde-Dichter Eindruck zu machen. Er liest ihr das wilde, expressionistische Gedicht vor, das ihm eine Anklage von der Staatsanwaltschaft wegen ›unzüchtiger‹ Tendenzen eingetragen hat und in dem er gegen Moral und Sitte verstößt.[8] Es ist eine sehr ungeschickte Art, um die Gunst einer Frau zu werben, daher ist ihre Reaktion ablehnend und zugleich zwiespältig: »Bei meiner ersten, flüchtigen Bekanntschaft mit Ball bemerkte ich etwas Zynisches in seinem Wesen, das mich abschreckte, während ein hin und wieder auftauchender gütig-sanfter Ton mich für ihn einnahm.«[9]

Nicht nur der Inhalt des Gedichtes stößt Emmy ab. Auch mit seiner Person kann sie nichts anfangen. Zwar schmeichelt es ihr, als Hugo sie einige Zeit später fragt, ob sie nicht in einem von ihm zu inszenierenden Stück mitspielen will, aber sie bleibt ihm gegenüber reserviert, ja sogar abweisend. Er ist einfach nicht ihr ›Typ‹.

Im Rückblick reflektiert Emmy diesen misslungenen Anfang: »Es gibt Menschen, die sich rein physisch unwiderstehlich zueinander hingezogen fühlen. Dieser unerklärbaren Anziehungskraft hatte ich mich selbst einmal [...] nicht zu entziehen gewusst. Gewiss sah ich auch das Schöne und Reizvolle an Hugo Ball, was seine äußere Erscheinung anbetrifft, aber dies war nicht im Mindesten ausschlaggebend für mich, ihn mir zum Gefährten zu erwählen. Es war auf eine Weise nicht einmal der geistige Zauber, das Schöne, Kluge und Weitsichtige, das seine Persönlichkeit unauffällig in überaus bescheidener Art ausstrahlte. [...] Eines ahnte ich zum voraus, dass dies der Mann war, mit dem ich beten konnte. Dies war das einzige Motiv, das mich bestimmte, mich ihm vollkommen anzuvertrauen.«[10]

Die erste Ehe Emmys scheiterte auch daran, dass ihr damaliger Ehemann Atheist war. So ... »dachte ich natürlich zurück, was in meiner ersten Ehe eigentlich die Qual gewesen war, die ich um alles in der Welt nicht hätte ein zweites Mal auf mich nehmen mögen: eine Ehe ohne Gott.«[11] Es fällt auf, dass Emmy, die von Kindesbeinen gläubig ist, Männer zum Glauben führen will, sie an ihrem Glauben teilhaben lässt. Sie wünscht sich einen Partner, der mit ihr im Alltag den Glauben teilt.

Hugo Ball aber ist 1913/14 freigeistig und 1912 aus der Kirche ausgetreten, deshalb schreibt Emmy im Nachhinein: »Wem das Leben und die Wandlungen Hugo Balls bekannt sind, [...] könnte hier einwenden, dass es mit uns beiden doch wenig nach Beten ausgesehen habe. Und ich müsste dies beschämt zugeben. Es sah nicht danach aus.«[12]

Aus Emmys Sicht ist die Beziehung mit Hugo keine Liebe auf den ersten Blick. Im Gegensatz zu ihrer ersten Ehe, die als ›amour fou‹ begann, aber mit dem Gefühl des Gefangenseins endete, bekennt Emmy: »Wie schön wäre es, wenn ich an dieser Stelle sagen dürfte, ich hätte zu meinem Mann eine Liebe auf den ersten Blick empfunden.«[13] Die ersten Begegnungen mit dem verliebten Ball bei den Auftritten Emmys im Simplicissimus machen keinen nachhaltigen Eindruck auf die umschwärmte Diseuse. Im Gegenteil: Sie hat zur gleichen Zeit eine leidenschaftliche Affäre mit dem Dichter Johannes R. Becher, der mit ihr unter schwierigsten Verhältnissen zusammenlebt. Beide sind stark drogenabhängig, beide haben wechselnde Liebesverhältnisse, aber fühlen sich durch ihr literarisches Schaffen eng miteinander verbunden.

In ihrem autobiografischen Rückblick ›Das flüchtige Spiel‹ verschweigt Emmy dieses ausschweifende Leben und die Leidenschaft für den sechs Jahre jüngeren Becher. Stattdessen spricht sie nur von einem ›harmlosen Dichterfreund‹ und ›gemeinsamen Bekannten‹.

Ball, der bei Emmy wenig Beachtung findet, mischt sich aber in das turbulente Leben der beiden ein und schreibt ›in recht energischen Worten‹ einen Brief: Becher solle die von ihm Verehrte in Zukunft in Ruhe lassen, da sie so gut wie verlobt seien. Die Reaktion Emmys auf Balls Brief ist bezeichnend für ihre damaligen Gefühle und ihr Verhältnis zu Ball: »Ich starrte verwundert auf den Brief und sagte [...]: ›Ich kenne den Menschen nicht‹.«[14] Für das Anliegen ihres Verehrers zeigt sie keinerlei Interesse: »Mich fesselte gar nicht so sehr der Inhalt des Briefes als die Schrift an sich. Wie gestochen sahen die Buchstaben aus. Ich dachte mir, so malt etwa ein Mönch in einsamer Zelle, da es noch keine Druckpresse gibt. Zierlich und energisch war diese Schrift, in die ich mich verliebte [...] Was er schrieb, war mir damals merkwürdig gleichgültig, nur das ›Wie‹ freute mich«.[15]

Emmy ist Hugos Ansinnen unangenehm, zumal Becher eifersüchtig reagiert. »Es entstand ein eigentümliches Durcheinander, das umso schlimmer wurde, je mehr ich mein Unbeteiligtsein versicherte. Mich ging's nichts an, und ich wollte mich durchaus um nichts kümmern.«[16]

Insgesamt findet Emmy Hugos Verhalten merkwürdig und dilettantisch, er ist kein Mann zum schnellen Verlieben. »In Liebesangelegenheiten hatte er sich offenbar keine sonderlichen Kenntnisse angeeignet. [...] Er meinte, mich im Anfang unserer Bekanntschaft am liebsten von allen Menschen isolieren zu müssen«.[17]

Doch Ball lässt nicht locker und lädt sie wenige Tage später zu einer Wanderung ein, die sie ablehnt. Dann schickt er seinen engsten Freund Hans Leybold vor, damit dieser für ihn ein gutes Wort einlege: »Er sei nicht nur ein begabter Dichter, sondern auch ein ganz hervorragender, ja genialer Regisseur, [...] kurzum, Leybold hatte sich nicht genug tun können, Hugo zu loben«.[18]

So vorbereitet erzählt Hugo, es sei seine Absicht, ein russisches Schauspiel aufzuführen und fragt, ob Emmy bereit sei, eine Rolle, die Hauptrolle der Frau in diesem Stück, zu übernehmen. Dieses Angebot Balls ist ein Vorwand, um mit der umworbenen Frau zusammen sein zu können. Beide haben eine gemeinsame Leidenschaft: Theater und Kunst. Emmy, begeistert darüber, als Schauspielerin an einer anerkannten Bühne auftreten zu können, reagiert aber zunächst unsicher, ob sie der Rolle gewachsen sein würde, bis Ball erklärt, er allein sei für die Regie zuständig. Jetzt wird Ball für Emmy interessant und sie verabreden sich am nächsten Tag zu einer Leseprobe im Englischen Garten. Dort lesen sie das Schauspiel mit verteilten Rollen, aber bei Emmy springt der Funke nicht über und der unmittelbar folgende Ausbruch des Ersten Weltkrieges lässt sie getrennte Wege gehen. »Nach unserer schönen Leseprobe im Englischen Garten sahen wir uns mehrere Wochen über nicht. Hugo hatte sich zum Militär stellen müssen, [...] während man mich [...] ins Untersuchungsgefängnis gebracht hatte.«[19]

Getrennte Wege und Wiedersehen im Gefängnis

»Man muss sich verlieren,
wenn man sich finden will.«[1]

Hugo Ball

Anfang August 1914. Der I. Weltkrieg bricht aus und eine Welle des Enthusiasmus schwappt über das Land. Auch Ball meldet sich am 6. August zusammen mit Klabund als Freiwilliger, aber er wird dieses Mal und zwei weitere Male abgelehnt. Am 7. August schreibt er an seine Schwester Maria: »Gestern stellte ich mich als Kriegsfreiwilliger [...]. Die Theater sind heute polizeilich geschlossen worden. [...] Kunst? Das ist nun alles aus und lächerlich geworden. In alle Winde zersprengt. Das hat alles nun keinen Sinn mehr. Ich kann Dir gar nicht sagen, wie mir zumute ist. [...] Mir graust vor der Zukunft. Der Krieg ist noch das Einzige, was mich noch reizt. Schade, auch das wird nur eine halbe Sache sein.«[2] Der Brief zeigt Balls Übergang vom kritischen Geist in einen kollektiven Rausch der Kriegsbegeisterung und verrät seine zwiespältige Gefühlslage: Einerseits will er schnell in den Krieg ziehen, um dem Überdruss am gewohnten Alltag zu entfliehen, andererseits hat er Angst vor der Zukunft.

Emmy kann die Kriegsbegeisterung Hugos nicht teilen, sie ist von Anfang an überzeugte Pazifistin, die selbstbewusst und spöttisch schreibt: »[...]und jetzt willst du, lieber Hugo, Soldat werden? Originell bist du nicht grad. Das Vaterland lieben, was schon so viele tun, und jetzt musst du auch dabei sein. Auch du?«[3] Ball reist am 29. August auf eigene Faust an die lothringische Front und erlebt die Gräuel und die Brutalität des Krieges, was ihn äußerst erschüttert. Sein Verhältnis zum Krieg wandelt sich grundlegend, er wird Ende 1914 zum entschiedenen Pazifisten.[4]

Wieder in München intensiviert Ball seine Kontakte zu Emmy und sie treffen sich im Englischen Garten oder in Cafés. Ende September 1914 siedelt der arbeitslose Ball nach Berlin über, wo er als Redakteur bei der illustrierten Wochenzeitschrift ›Zeit im Bild‹ Arbeit findet und Kriegsberichte, Theaterkritiken und Buchrezensionen verfasst. Der bisher unpolitische Dichter und Dramaturg beginnt, sich für Politik zu interessieren, und beschäftigt sich mit Anarchismus und Revolutionsbewegungen. Im Brief an seinen Vetter August Hofmann ist Ball wieder voller Zukunftspläne und Tatkraft. »Hier geht ein neues Leben los: anarcho-revolutionär (so heißt man's glaub ich). Widersprechend (ohne eigene Widersprüche). Aktiv. ›Taten will ich sehen‹. Immer wieder von unten anfangen. Untersuchen, bohren, bohren, bohren.«[5]

Mit Beginn des Krieges darf Emmy nicht mehr im Simplicissimus auftreten, da sie sich als Kriegsgegnerin geweigert hat, patriotische Lieder zu singen. Um ihren Lebensunterhalt zu bestreiten, steht sie Malern Modell, zieht mit Freunden abends durch Wirtschaften, um Lieder vorzutragen, oder näht Matrosenblusen.

1914 erlebt die stark drogenabhängige Emmy Hennings einen Tiefpunkt ihres Lebens. Sie muss mehrfach ins Gefängnis, was für sie zu einem lebenslangen, traumatischen Erlebnis führt. Zunächst wird sie im Sommer wegen eines Diebstahls bei einem Freier verhaftet, der für das Schäferstündchen nicht zahlen wollte, und so sitzt sie bei Kriegsbeginn für vier Wochen in München in Untersuchungshaft. Erich Mühsam, der

Anarchist und Freund, notiert am 5. August in seinem Tagebuch: »Emmy sitzt wegen Diebstahls, begangen in Hannover an einem nächtlichen Besucher, in Untersuchungshaft am Neudeck. [...] Die arme Emmy weinte entsetzlich, klammerte sich mit den Fingern an die Vergitterung und war unermesslich unglücklich. Ich musste ihr versprechen, an ihre Mutter zu depeschieren und alles zu versuchen, um sie freizukriegen.«[6] Nach ihrer Entlassung aus der Untersuchungshaft wird sie verurteilt und sitzt ihre dreiwöchige Haftstrafe bis Mitte Januar 1915 ab. Kurze Zeit später muss sie Anfang Februar ein drittes Mal ins Gefängnis unter dem Verdacht, einen Pass gefälscht zu haben, um den Schriftsteller Franz Jung bei dessen Desertion zu helfen.

Diese Gefängniserfahrungen bedeuten für Emmy ›lebenslänglich‹, ihr ganzes Leben wird sie sich mit den Hafterlebnissen auseinandersetzen, sei es in Gedichten, als Gefängnistagebuch oder in allen autobiografischen Büchern. »Mir ist, als hätte ich für immer ein Schock bekommen, einen Knacks, der sich nicht mehr rückgängig machen lässt.«[7] Sie reagiert mit Lähmungserscheinungen, einem Nervenzusammenbruch und Depression wie bereits früher, als sie sich in ihrer ersten unglücklichen Ehe gefangen fühlte. Sie leidet unter einem doppelten Zwangsentzug: von den Drogen und ihrer Freiheit, die ihr so viel bedeutet. Sie, die oftmals Egozentrische und Geltungshungrige, wird auf sich selbst zurückgeworfen und ist völlig am Ende. Der Albtraum Gefangenschaft entwickelt sich zu einem zentralen Thema ihres späteren Lebens und Schreibens.

Als Hugo von ihrer verzweifelten Situation hört, schickt er ihr Anfang Januar 1915 einen aufmunternden Brief voller Anteilnahme und mit der Ankündigung, sie zu besuchen und ihr etwas Wichtiges mitteilen zu wollen: »Es ist schwer, vor Zeugen zu sprechen, noch dazu, wenn man ein Anliegen hat, das man kaum wagt sich selber vorzutragen [...]. Sei ohne Sorge, doch werde ich Dich darum nicht bitten brauchen. Behalt nur das Köppi oben.«[8] Ball spricht Emmy nicht nur Mut zu. Hinter dem geheimnisvollen Anliegen verbirgt sich der Wunsch des Verliebten, sie möge endlich ihr Leben mit dem seinen teilen. Wieder nur deutet er an, was ihn im Innersten bewegt, dass er ohne sie nicht leben kann. Auch schickt er ein Gedicht mit dem Titel ›Lied für ein gefangen Kind‹[9], indem deutlich wird, dass er um ihr exzessives Leben und ihre Vergehen weiß, sie aber trotzdem im Innersten für unschuldig hält.

Jahre später erinnert sich Emmy an seinen Besuch: »Wie man sieht, befand ich mich in einer recht aussichtslosen Position, die ich für kontinuierlich hielt. Umso größer war daher meine Freude, als Hugo Ball zu mir kam und mich mündlich und schriftlich und herzlich bat, doch ja nicht ›den Kopf zu verlieren‹. [...] Als ich zum ersten Mal Hugo hinter Gittern sah, vergaß ich alle Gefängnisse der Welt«.[10]

Gerade einmal 5 Minuten dürfen sie miteinander sprechen und das besondere Anliegen Hugos kommt nicht zur Sprache. Aber das Treffen gibt ihr Hoffnung und Zuversicht. Erfüllt von der Begegnung, schreibt sie unmittelbar danach eine Karte an Hugo, in der sie unbeholfen ihr Innerstes offenlegt: »Lieber Ball = Hugo, ich war so unendlich glücklich zu Deinem Besuch heute. Ich danke Dir viel 1000 Mal. Mein Herz tut vor Freude weh, weil Du mir wieder Hoffnung gemacht hast, und das ist das, wovon man im Gefängnis lebt. O wenn ich rauskomme, will ich Dir viel erzählen. O vielen Dank für alles Gute, ich werd es Dir nie vergessen. [...] Ich seh dich noch immer vorm Gitter und wär doch so unendlich gerne Dir näher gewesen, ganz nahe. ich bin ganz morphiumfrei [...]. Die Freiheit ist das Beste, wo man hat.«[11]

Wir erleben eine typische Emmy: Bei den ersten Treffen mit Hugo war sie zurückhaltend und reserviert und nur interessiert an seiner Rolle als Regisseur. Jetzt reagiert sie spontan und sehr emotional. Die Person Hugos rückt in ihr Blickfeld, auch als möglicher Liebespartner. Sind die Beziehungen in der Bohèmien-Szene unverbindlich und schnell wechselnd, beeindruckt es die leichtlebige Emmy, dass der unbeholfene und schüchterne Hugo sich für sie einsetzt und sich um sie kümmert. Sie entdeckt, dass jemand zu ihr steht, sie aufbaut und unterstützt, wenn sie erschöpft und verzweifelt ist. Hugo schenkt ihr das, was sie in ihrer Verzweiflung am meisten braucht: fürsorgliche Aufmerksamkeit und Trost.

Hier zeigt sich der Beginn eines Weges von zwei sehr unterschiedlichen Charakteren. Der Ausgangspunkt ihrer Liebe ist keine erotische Anziehung, kein sexuelles Abenteuer.[12] Bei Hugo und Emmy treffen zwei Erscheinungsformen der Liebe aufeinander: die eher romantische Liebe Hugos und die freundschaftliche Liebe Emmys. In ihrer Beziehung vergleicht sich Emmy später mit einem Zaunkönig und Hugo mit einem Adler, in dessen Gefieder der Zaunkönig sich verbirgt und sich hoch tragen lässt. »… aber man darf gleichwohl den kleinen Zaunkönig nicht unterschätzen, um seines großen Vertrauens willen in die Flugkraft des Adlers. Zwischen diesen beiden Vögeln [...] muss eine märchenhafte Freundschaft bestehen. [...] Da sagt der große Vogel: ›Ach. Ohne dich wäre ich ja nie geflogen.‹«[13]

Mit Hugo und Emmy fühlen sich zwei ungleiche Temperamente voneinander angezogen: Er, der introvertierte, kontaktarme und rationale Außenseiter, sie die freiheitsliebende, psychisch labile und oft stark emotionale Frau.

In den ersten Wochen des Jahres 1915 geht es Emmy körperlich und psychisch sehr schlecht. Unmittelbar nach der Entlassung aus dem Gefängnis reist Emmy am 7. März 1915 zu Ball nach Berlin. Im Durcheinander des Krieges, ihrer Affären und Süchte sehnt sie sich nach Sicherheit und Verständnis und will mit Ball ein neues Leben anfangen.

In Berlin ist inzwischen auch Ball mit seiner Situation unzufrieden: »Es macht mir kein rechtes Vergnügen. Ich weiß nicht, ob es mich noch lange hier halten wird. Man verfault und geht in Verwesung über.«[14] Er lernt einen jungen Mann kennen, Richard Huelsenbeck, der intelligent, begabt und der Anarchie zugetan ist wie sein früherer Freund Leybold. Er wird für einige Zeit zu Balls wichtigstem Gefährten.

Huelsenbeck erinnert sich später an seine Begegnung mit Ball: »Er war ein dunkelhaariger und schlanker Mensch mit einem geistigen, aber nicht schönen Gesicht. Er war bleich und ging ein wenig nach vorn gebeugt. Er ging immer schnell, er hielt nie an. Er war immer mit Gedanken beschäftigt, er hatte wenig Zeit zu stehen und zu schwatzen. Er war ungemütlich aus Geistigkeit und innerer Spannung.«[15] Aus der Freundschaft zwischen Ball und Huelsenbeck entwickelt sich der Vorläufer des Dadaismus: Beim tumultartigen Expressionistenabend im Mai 1915, der als Prototyp späterer Dada-Aufführungen gilt, werden neben Vertonungen von Rilke- und Nietzsche-Versen aggressive Gedichte von Ball, Becher und Huelsenbeck vorgetragen, die das Publikum provozieren und von schallendem Gelächter oder beleidigenden Zwischenrufen unterbrochen werden.

Hugo und Emmy fühlen sich immer fremder in Deutschland. Als Ball den Gestellungsbefehl erhält, um sich beim Militär einzufinden, beschließen Emmy und Hugo Ende Mai 1915, das kriegsbegeisterte Deutschland zu verlassen und in die neutrale Schweiz zu gehen. Beide sind am Ende ihrer körperlichen und seelischen Kräfte. Auf Mühsam macht Emmy

›einen völlig zerrütteten Eindruck‹ und Hugo hat ein Gesicht ›fahl wie Asche mit erregt flackernden Augen‹.

Die leichtlebige, sorglose Emmy beobachtet vor der Abfahrt etwas an Hugo, was sie erschreckt und was den Keim für spätere Paarkonflikte in sich trägt: »Er sprach von der ›Weltkatastrophe‹, als habe er diese allein veranlasst und als wäre er nun verpflichtet, alles allein in Ordnung zu bringen. [...] Mir kam vor, als habe er einen Größenwahn an Verantwortung, und so sehr ich mich zu ihm hingezogen fühlte, war ich doch von Furcht ergriffen, mein Leben mit dem seinen zu verbinden.«[16] Claire Goll bezeichnet Ball denn auch als »selbstquälerischen Pessimisten [...], der stets auf der Suche nach dem Absoluten war, um seine Existenz zu rechtfertigen«[17]. In diesen Beobachtungen kommt ein Wesenszug Hugos zum Ausdruck: Seine unbedingte Verantwortlichkeit für die Zukunft der Menschheit und daraus erwachsend sein Versuch, auf die Gesellschaft Einfluss zu nehmen.

Ein sehr ungleiches Paar macht sich Ende Mai 1915 auf den Weg: Sie ist sehr kontaktfreudig, exzentrisch, erlebnishungrig, religiös und leichtlebig mit rasch wechselnden Liebesbeziehungen, er ernst, unbeholfen, verantwortungsbewusst und ungläubig. Diese Unterschiede sind nicht die besten Voraussetzungen für einen gemeinsamen Aufbruch und Neubeginn in einem fremden Land.

Emigration in die Schweiz: Leben am Existenzminimum in Tingel-Tangel-Kneipen

»Ich habe grausliche Zeiten damals durchgemacht. Schlimmer als jemand ahnen konnte ...«[1]

Hugo Ball

Die friedliche Schweiz ist im Ersten Weltkrieg ein Zufluchtsort für Intellektuelle, Wissenschaftler, Revolutionäre, Politiker und Künstler. Bei der Einreise erleidet Hugo eine Panikattacke, es »...befiel ihn damals, da wir die Reise in die Schweiz unternahmen, ein sonderbares, wenn auch rasch vorübergehendes Schüttern und ein starkes Zittern, als er mir sagte, die Angst vor der Gegenwart verzehre ihn fast«[2]. Das Emigrantenpaar, das in Zürich ankommt, ist mittellos, aber künstlerisch begabt, seelisch und körperlich angeschlagen und weiß nicht, was aus ihm werden soll.

In dieser schwierigen Situation findet Hugo Unterstützung bei Emmy: »Eine kleine Trösterin wünschte ich zu sein, und er war für Trost empfänglich.«[3] Diese Existenzangst ist nur zu zweit zu ertragen. In einem Rückblick, drei Jahre nach der Ankunft in der Schweiz, schreibt Emmy über diesen Aufbruch ins Unbekannte: »Als wir von Berlin fortfuhren, sagtest du, wir sind die Nachtwandler, Seiltänzer noch im Dunkeln. Dass wir es bleiben dürften, immer. Ich liebe die Gefahr.«[4]

Emmy ist anfangs die Mutigere und Beherztere und auch die, die das Leben leichter nimmt. Jetzt sind sie ein Paar und müssen unter schwierigsten Umständen lernen, zusammenzuleben und ihr Leben zu organisieren. Bei Emmy entwickelt sich die Liebe zu Hugo und – trotz der äußeren Misere – ist sie glücklich und notiert ihre Verliebtheit in ihrem Tagebuch: »Lieber Gott, der Du in den Himmeln bist, [...] Dir will ich mein Tag- und Nachtbuch widmen. [...] Ich bin glücklich, dass Du mich nicht allein gemacht, sondern eine Gesellschaft, die mit mir sei. Über diese im Allgemeinen weiß ich noch wenig, aber über den Einzelnen, den Du mir zur Seite gegeben hast, sehr viel. [...] Lieber Gott, ich kann nur sagen, ich, nein, wir sind selig, als wären wir im fünften Himmel.«[5] Emmy gibt sich dem Augenblick hin, genießt ihre Verliebtheit und weiß sich von Gott gehalten.

Die beiden versuchen alles, um sich über Wasser zu halten, aber ihr Geld reicht nur für die ersten drei Wochen. In ihrem Tagebuch zählt Emmy ihre Habseligkeiten auf, die sie kaum versetzen können: Bücher, Hugos Frack, ihre Spieldosen, Farbstifte, Gedichte und Skizzen. Da bleibt nur noch Hugos silberne Uhr und Emmys goldener Trauring von ihrem verstorbenen Vater.

Das Paar bekommt bereits nach wenigen Tagen Probleme mit den Schweizer Behörden, denn auf dem Weg in die Emigration hatte sich Ball wegen befürchteter Militärüberwachung einen Pass auf den Namen des dienstunfähigen John Höxter, eines Bekannten aus der Berliner Bohème, ausstellen lassen, wobei Balls Bild in den Ausweis eingeklebt wurde. Hugo ist mit diesem gefälschten Pass eingereist und lässt sich am 30. Juli bei den Züricher Behörden unter falschem Namen registrieren.

Sie mieten sich zunächst in einem Hotel, später in wechselnden Zimmern ein. Hugo und Emmy planen, durch Artikel und Bücherschreiben ihren Unterhalt zu verdienen, aber die wenigen Beiträge bringen kaum Geld ein und eine Arbeit in Fabriken, Geschäften oder Privathäusern finden sie nicht. Die Exilanten werden von der Polizei überwacht, da sie in verbotener wilder Ehe leben, Beziehungen zu anarchistischen Kreisen haben und Hugos Passvergehen bekannt wird. Deshalb flüchten sie Hals über Kopf für zwei Wochen nach Genf, um der Züricher Polizei zu entgehen. Aber bei der Rückkehr wird Hugo am 14. August in Untersuchungshaft genommen und wegen falscher Ausweispapiere zu einer Haftstrafe von einer Woche verurteilt. Über Hugos Bruder Otto, der ihn im Gefängnis besucht, erfährt die Familie in Pirmasens von Hugos Haftstrafe, was zu einer weiteren Verschlechterung der Beziehung zu den Eltern führt. Otto jedenfalls bricht den Kontakt zu Hugo ab.

Nach wenigen Wochen in der Schweiz sind sie materiell und körperlich am Ende. »Wir verkauften Kleider, Bücher, Ring, Uhr, alles was wir hatten, und gerieten in kürzester Zeit in eine Verlegenheit, die nicht überboten werden kann, da wir eben gar nichts hatten. [...] Beide hatten wir Fieberanfälle und schmerzhafte Schwächezustände, waren aber sehr darauf bedacht, nur nicht vor Zeugen zusammenzubrechen [...], da wir nach unserer Genesung nur die Ausweisung zu befürchten hatten.«[6] In den Erinnerungen von Emmy und den Tagebüchern und Briefen von Hugo wird das ganze Ausmaß ihrer existenziellen Not noch geschönt und der ausweglose Alltag verschwiegen. Ein Bericht der Züricher Stadtpolizei beschreibt ihre wirkliche Situation im Herbst 1915:

»Hugo Ball ist vom Bezirksgericht Zürich wegen wiederholtem wissentlichem Gebrauch eines auf einen andern Namen lautenden Ausweispapiers zu einer Woche Gefängnis verurteilt worden. [...] Nach den Beobachtungen des Hausmeisters, Wirt Schneider, lebten sie aus den Einkünften der Unzucht der Hennings, welche Ball begünstigte. [...] Das Concubinatspaar lebte, weil niemand arbeitete, in großer Armut. [...] Zwischen Ball und der Hennings spielten sich nächtliche Streits ab, bei welchen Ball die Hennings schlug. Bei einem solchen Streit nach Mitternacht ca. 20. Sept. 1915 machte die Hennings einen Selbstmordversuch, indem sie sich mit der Schere die Schlagader am Arme öffnete. [...] Ball brachte damals zu seiner Entschuldigung vor, die Hennings sei eine Morphinistin.«[7]

Das Exil und das Zusammenleben entpuppt sich als überaus schwierig und mündet in eine existenzielle Krise: Der sonst so gutmütige Hugo wendet gegen Emmy sogar Gewalt an und es kommt zu verbalen Auseinandersetzungen. Emmy versinkt wieder in den Sumpf von Prostitution, Geldnot, Drogenabhängigkeit, dem sie eigentlich entfliehen will. Um ihre Drogensucht zu finanzieren, dürfte Emmy mit der Duldung Hugos als Gelegenheitsprostituierte gearbeitet haben. Der Wahrheitsgehalt des Polizeiberichts wird der Realität entsprochen haben, aber in Emmys Erinnerungen findet sich darüber kein Wort, sie sind zu tief gesunken, dass es sich verbietet, etwas über ›das äußere, krasse Leben auszusagen‹. Beide wissen in ihrer Not und ihrem Beziehungsstress nicht mehr weiter. Sie haben nicht ausreichend Zeit, sich aneinander zu gewöhnen und ein Paar zu werden, um den Herausforderungen des Exils standzuhalten.

Mit Galgenhumor notiert Emmy in ihrem Tagebuch: »Bei uns scheint alles umgekehrt zu sein, anders als bei anderen Leuten. Wir sind der Ansicht, dass gute, haltbare Ehen in der Hölle geschlossen werden und allmählich in den Himmel dringen.«[8] Um nicht zu verhungern, muss Hugo Bettelbriefe an Freunde und Bekannte schreiben, was ihm schwerfällt. Die pragmatische Emmy besinnt sich auf ihre Fähigkeiten als Sängerin und Tänzerin und findet einen Ausweg: Sie ziehen durch Kneipen im Züricher Vergnügungsviertel, sie singt und er begleitet sie mehr schlecht als recht auf der Gitarre. Aufgrund ihrer Kabaretterfahrungen bekommt sie ein Engagement als Diseuse im Kabarett ›Bonbonière‹ und verdient 300 Franken monatlich, was sie jubeln lässt. Aber bereits nach einem Monat wird sie entlassen.

»Dann wieder hausten wir in engen Mansardenzimmern, wo wir für eine Fabrik Knöpfe auf Kartons nähten oder drehten Cigaretten oder gingen mit der Gitarre singend von Haus zu Haus, kurz, wir führten eine Existenz von heut auf morgen«[9]. Vom Oktober bis Ende Dezember 1915 finden beide beim Varieté-Ensemble »Maxim« Unterschlupf und treten zusammen mit Schlangenmenschen, Zauberern, Entfesselungskünstlern, Feuerschluckern und Tänzerinnen auf. Auf Drängen Emmys wird Hugo als Pianist engagiert, wofür er 40 Franken monatlich erhält. Er schreibt kleine Stücke für die Mitglieder und studiert sie ein. Das Paar erlebt harte Monate: Häufiger Wohnungswechsel, Hunger, Krankheit, Meinungsverschiedenheiten und Bespitzelungen durch Schweizer Behörden erschweren den Alltag. Die schwierigen Lebensumstände und die Dauerbelastung führen zu emotionalen Krisen und zu psychischem Ausgebranntsein. Emmy empfindet die Emigration als ›Gefängnis‹ und Hugo fühlt sich wie ›Daniel in der Löwengrube‹. Er schreibt am 15. Oktober desillusioniert in sein Tagebuch: »Wenn ich jetzt abermals flüchten wollte, wohin sollte ich gehen? Die Schweiz ist ein Vogelkäfig, umgeben von brüllenden Löwen.«[10]

Die Auftritte sind für Hugo besonders anstrengend, da der Klavierspieler eines solchen Ensembles der am meisten Beschäftigte ist, denn er darf das Klavier während einer Vorstellung nicht verlassen und muss auch in den Pausen spielen.

Der Maler Christian Schad beschreibt den Auftritt des Ensembles, das Vorstellungen in Zürich, Basel und kleineren Orten in der Umgebung absolviert: »Hier trat mit zwei oder drei anderen Mädchen Emmy Hennings ... leichtgeschürzt als Soubrette auf und sang die abgedroschenen Schlager der Belle Epoque, auf einem schäbigen Piano, das ans Bühnenpodium gerückt und im Ton einer asthmatischen Ziehharmonika ähnlich war, begleitet von ihrem Freund Hugo Ball.«[11]

In dieser Situation besucht im November 1915 Hugos Mutter Josephina Ball überraschend ihren Sohn, um nach dem Rechten zu sehen. Sie fordert ihn auf, nach Deutschland zurückzukehren und als Soldat für sein Vaterland zu kämpfen. Es muss für die kleinbürgerliche, streng katholische Mutter ein Schock gewesen sein, Hugo in einer solchen Umgebung mit einer drogenabhängigen, geschiedenen Tingel-Tangel-Freundin anzutreffen. Es kommt zur Auseinandersetzung und zum Zerwürfnis mit dem Sohn, worunter Hugo lange Zeit sehr leidet, denn zeitlebens bemüht er sich um die Anerkennung der Familie. Noch Jahre später, kurz vor Hugos Tod, erinnert sich Emmy: »Seine Verwandten selbst hielten ihn für einen ausgemachten Taugenichts«.[12] Den 30-jährigen Ball schmerzt das Unverständnis seiner Mutter, er kann sich aber auch nicht von ihrer Lebenseinstellung abnabeln. In einem Brief an seine Schwester Maria wird deutlich, wie die Ablehnung seiner Lebensweise ihn und Emmy getroffen hat: »Die Mutter leidet nicht an mir, weil es mir schlecht geht; denn es geht mir nicht schlecht. Ich bin glücklich, denken zu können. Mehr brauche ich nicht. Sie leidet daran, dass ich's ›zu nichts gebracht habe‹ (wobei sie vergisst, dass ich nicht wollte). Sie erkennt Emmy rein menschlich nicht an. Weshalb? [...] Hat sie jemals sich interessiert, wer Emmy ist? Weiß sie das so genau? Ich liebe Emmy, und das sollte ein Grund sein für eine Mutter, sich zu interessieren.«[13]

Hugo will sich und der Familie nicht eingestehen, dass er tief gesunken ist. Stattdessen berichtet er von Fortschritten und interessanten Projekten. Für den erfolgreichen Dramaturgen und Schriftsteller ist die Arbeit beim Tingeltangel aber ein sozialer und künstlerischer Abstieg. Auch Emmy bemerkt diesen ›Zweispalt zwischen Balls geistigem Leben und den äußeren Verhältnissen.‹ Nach seinen abendlichen Auftritten stürzt sich Ball regelmäßig in wissenschaftliche und literarische Studien, macht sich Notizen und schreibt Aufsätze, arbeitet unermüdlich an Manuskripten und liest Emmy aus Büchern deutscher Mystiker und französischer Autoren wie Léon Bloy oder Baudelaire vor. Er hat ein breit gefächertes Interesse und beschäftigt sich mit den unterschiedlichsten Themen. Wie er sich nach geistiger Herausforderung und bürgerlicher Anerkennung sehnt, machen seine Überlegungen deutlich, seine abgebrochene Nietzsche-Dissertation wieder aufzunehmen.

Aber das stundenlange Spielen bis nach Mitternacht laugt Hugo aus und auch Emmys Gesundheit ist angegriffen, wie Schad beobachtet. »Emmy Hennings [...] war schon gezeichnet von den Entbehrungen und Widrigkeiten eines unsteten Lebens. [...] Sie verriet mir leise, dass Ball ihr zu Weihnachten – sie war damals Morphinistin und wurde von Ball darin kurzgehalten – eine zusätzliche Spritze erlauben würde, und das mache sie so glücklich.«[14]

Aber anders als viele ihrer früheren Münchener Bohèmienfreunde will Hugo nichts mit harten Drogen zu tun haben, er trinkt noch nicht einmal Wein, raucht dafür aber stark. Im Verhalten zu Emmys Drogenabhängigkeit zeigt Hugo typische Symptome einer ›Co-Abhängigkeit‹: In einer Beschützerphase entwickelt er Zuwendung und Mitgefühl: »Wer seine Zweifel und Hoffnungen alle verausgabt hat, den können nur noch die Drogen trösten« und für ihn nimmt Emmy Drogen, »um noch das Leben erträglich zu finden«[15]. In der Kontrollphase übernimmt er viele Aufgaben der Süchtigen, identifiziert sich mit ihren Problemen und versucht, ihren Drogenkonsum einzudämmen, zu dosieren und zu überwachen. Aber letztlich ist auch er überfordert und rat- und hilflos.

Anfang Januar 1916 löst sich das Ensemble ›Maxim‹ auf und Emmy und Hugo gründen ihr eigenes Varieté ›Arabella‹. Da Ball in den Dingen des praktischen Lebens ungeschickt ist und – nach Beobachtung seines Freundes Richard Huelsenbeck – »eine ungewöhnliche Geistigkeit mit einem ungewöhnlichen Mangel an realistischem Sinn verband«[16], muss sich Emmy oft um die Organisation und um Vertragsabschlüsse mit den Betreibern von Kneipen und Amüsierlokalen in und um Zürich kümmern. Zu dieser Zeit – Ende Dezember 1915 – jedenfalls planen Emmy und Hugo, »in einer entzückenden kleinen Weinstube ein literarisches Cabarett auf[zu]machen, bei dem uns hiesige und ausländische Freunde mit Energie und Beiträgen unterstützen«[17].

Dada: Die Erfindung einer neuen Kunstrichtung trotz Hunger und Armut

»Während in der Ferne der Donner der Geschütze grollte, sangen, malten, klebten, dichteten wir aus Leibeskräften. Wir suchten eine elementare Kunst, die den Menschen vom Wahnsinn der Zeit heilen sollte.«[1]

Hans Arp

Nach Misserfolgen mit einem literarischen Abend im ›Zunfthaus zur Zimmerleuten‹ Ende Dezember und dem eigenen Ensemble ›Arabella‹ Anfang Januar 1916 verfolgen Hugo und Emmy nun die Idee, nach dem Vorbild der Münchener Künstlerkneipe ›Simplicissimus‹ ein literarisches Kabarett zu gründen. Es soll aber weniger auf Unterhaltung ausgerichtet sein, sondern eine Plattform für junge Künstler bieten. Dieses Unternehmen ist als ihre Existenzsicherung gedacht, sie wollen damit ihren Lebensunterhalt verdienen. Dazu mieten sie einen kleinen Saal in der Kneipe »Meierei« ganz in der Nähe des Hauses, wo, in der Spiegelgasse 14, Lenin die russische Revolution vorbereitet. »Er musste jeden Abend unsere Musiken und Tiraden hören«, erinnert sich Ball, »ich weiß nicht, ob mit Lust und Gewinn.«[2] Das Gerücht macht jedenfalls die Runde, der russische Revolutionär habe sich häufig über den nächtlichen Lärm beschwert.

Bereits der erste Abend ist ein großer Erfolg, wie Hugo in seinem Tagebuch berichtet: »Das Lokal war überfüllt; viele konnten keinen Platz mehr finden.«[3]

Während Hugo organisiert, ist Emmy weiterhin gesundheitlich und emotional angeschlagen, wobei die fortschreitende Drogenabhängigkeit und ihre Unstetigkeit ihr große Angst machen. In einem Brief am Tag der Eröffnung des Kabaretts ermutigt sie Hugo, trotz ihrer verzweifelten persönlichen Lage: »Liebster, sei doch nicht traurig über meinen Verfall. [...] Ich sehne mich, Dich, Geliebter, sehr berühmt zu wissen, und sei dies Leben auch nur ein Gesellschaftsspiel, es muss gespielt und mitgespielt werden.«[4] Dieser Brief ist auch ein bewegendes Zeugnis von Emmys Drogensucht, da sie anschließend wirr und zusammenhanglos von ihrem ›runden Irresein‹ schreibt, das sich ›um die Welt dreht‹.

Emmy und Hugo haben als erfahrenes Varieté-Paar entscheidenden Anteil am Erfolg des Cabaret Voltaire. Am Anfang gibt es kein festes Ensemble. Es werden Gedichte, Chansons, Tänze und dramatische Szenen vorgetragen, unter anderem von Hans Arp, Richard Huelsenbeck, Marcel Janco und Tristan Tzara, die sich zu den dadaistischen Hauptakteuren entwickeln. Auch alte Bekannte aus München wie Else Lasker-Schüler und Klabund treten auf, während an den Wänden Bilder und Installationen ausgestellt sind. Von Abend zu Abend steigert sich die Experimentierfreude, Selbstinszenierung und Suche nach neuen Ausdrucksformen. Die Gruppe gibt sich den Namen ›Dada‹[5]. Berauscht vom Erfolg des Cabarets Voltaire, muss Hugos Begeisterung auf Emmy ausgestrahlt haben, denn kurze Zeit später ist sie im Tumult der Darbietung der Star der Aufführungen. Offensichtlich teilt sie ihren Drogenkonsum so ein, dass sie allabendlich mit ihren Chansons auftreten kann. Die Presse ist von ihrem Auftritt begeistert und der gemeinsame Freund Huelsenbeck schreibt: »Ihr Stimmchen ist so dünn und knabenhaft, dass man manchmal das Gefühl hatte, es könne abbrechen. Sie sang die aggressiven Lieder Hugo Balls mit einem Zorn, den man ihr glauben musste, obwohl man ihn ihr nicht zutraute.«[6]

Selbst Ball erinnert sich noch zwei Jahre nach ihrem Auftritt an ihren Vortrag seines Gedichtes ›Totentanz‹: »Ob du beim Singen um Deine Wirkung weißt? Weißt Du, dass Du Empörung und Zärtlichkeit verursachen kannst, oft liegt beides in einem einzigen Ton. [...] Ich hielt nicht viel von meinem ›Totentanz‹, als Du ihn mir aber das erste Mal vorgesungen hast [...], das werde ich nie vergessen und wenn ich hundert Jahre alt werden sollte.«[7] Hier zeigt sich Balls Bewunderung für die Künstlerin Emmy, für ihre Fähigkeiten als Rezitatorin, Tänzerin und Sängerin. Er spricht ihr gegenüber in Briefen häufig seine Anerkennung und Wertschätzung über ihre darstellerischen und schriftstellerischen Leistungen aus – für das Zusammenleben von Paaren ist es der Kitt des Alltags – das weiß auch Ball.

Vom Alltag der beiden im Frühjahr 1916 abseits ihrer Auftritte berichtet Huelsenbeck: »Ich besuchte Ball und Hennings in ihrer Wohnung. Sie hatten ein einziges Zimmer, [...], was mir aber gleich auffiel beim Eintreten, war ein Altar, der mit Heiligenfiguren, religiösen Bildchen und Blumen bedeckt war. Während das übrige Zimmer einen dumpfen, dunklen Eindruck machte, herrschte hier Licht, Reinlichkeit und peinliche Ordnung. Als ich einen erstaunten Blick auf den Altar warf, sagte Ball: ›Emmy hat das gebaut. Sie liebt es, hier zu beten‹ [...]. Ich sah auf Ball und die Hennings und die ganze Ärmlichkeit des Raumes [...]. Nach einer Sekunde schon fand ich es selbstverständlich, dass hier ein Altar im Zimmer stand [...]. Ich fand es ganz natürlich, dass Ball im Kabarett Negergedichte und abstrakte Bilder vorführte und dass er zu Hause mit Emmy vor einem Altar kniete.«[8] Emmy lebt ganz selbstverständlich ihren Glauben, der ihr Kraft gibt, die schwierigen Lebensumstände zu bewältigen, ob Hugo zu dieser Zeit Emmys Religiösität teilt, bleibt fraglich.

Finanziell ist das Kabarett kein Erfolg, da sich die Einnahmen anfangs auf die Garderobengebühr beschränken, während der Erlös des Verkaufs von Essen und Getränken an den Wirt gehen. In den Pausen aber verkauft Emmy ihre selbst getippten Gedichte, um für den Lebensunterhalt etwas Geld zu verdienen.

Im Laufe des Ersten Weltkriegs breitet sich der so genannte Dadaismus wie ein Lauffeuer in ganz Europa aus. Emmy selbst beschreibt im Rückblick ihr distanziertes Verhältnis zu Dada: »Ich habe eine Aversion gegen den Dadaismus gehabt. Es waren mir zu viele Leute entzückt davon. [...] Dada – das Wort – stammt von mir«.[9] Während Hugo und die anderen Künstler radikal Neues ausprobieren, singt sie zumeist ihr altes Repertoire. Ein Grund hierfür mag darin liegen, dass ihre Darbietungen begeistert aufgenommen werden, wenn die Freunde die künstlerischen Experimente übertreiben und das Publikum unruhig wird.

Mitten im Trubel um Dada ändert sich plötzlich am 20. März 1916 die Lebenssituation von Emmy und Hugo einschneidend: Emmys Mutter stirbt in Flensburg und für das Paar stellt sich die Frage, was mit Emmys neunjähriger Tochter Annemarie geschehen soll, die jahrelang bei ihrer Großmutter gelebt hat. Emmy ist bisher ihrer Verantwortung als Mutter nicht gerecht geworden. Sie hat sich um keines ihrer zwei Kinder gekümmert, sie ist als Mutter abwesend, sie kam, wenn überhaupt, sehr selten nach Flensburg zu Besuch. Der Kontakt beschränkte sich auf Briefe, nur 1911 war Annemarie kurz bei ihrer Mutter in München, wo die Tochter bei Klosterschwestern untergebracht war. Mutter und Tochter sind sich fremd.

Soll das Kind zu einer Mutter geholt werden, die drogenabhängig, unstet und körperlich und psychisch angeschlagen ist und seit knapp einem Jahr mit einem Partner zusammenlebt, der kaum den Lebensunterhalt bestreiten kann? Soll es bei einem ihm unbekannten Paar wohnen, das nachts arbeiten muss, häufig umzieht, unter ständiger Geldnot leidet und noch nie mit einem Kind zusammengelebt hat?

Während Emmy trauert und wie gelähmt ist, ergreift Hugo umgehend die Initiative: »Wir lassen das Kind hierherkommen, und wenn wir sehen, dass es nicht gut bei uns sein kann, dann geben wir es hier zu Bekannten in Pflege.«[10]

Da Emmy und Hugo wegen Passschwierigkeiten nicht nach Deutschland einreisen können, regelt Hugo die Übersiedlung Annemaries in die Schweiz, indem er Freunde bittet, sich vor Ort bei den Behörden um die Angelegenheit zu kümmern. Ferdinand Hardekopf, ein alter Freund Emmys, bringt schließlich am 5. Mai Annemarie in die Schweiz und Emmy kann die Tochter endlich in ihre Arme schließen.

Kurz vor ihrem Tod schreibt Emmy rückblickend über die Beziehung von Hugo zu ihrer Tochter: »Während ich um meine Mutter trauerte, sollte ich Hugo von seiner schönsten Wesensseite kennen lernen. Das Herz des Kindes flog ihm vom ersten Augenblick an zu [...]. Die Freundschaft zwischen meinem künftigen Manne und meinem Kinde gehört zum Schönsten, was ich je habe erleben dürfen.«[11] Hugo Ball übernimmt in vorbildlicher Weise die Vaterrolle und Annemarie bezeichnet ihn zeitlebens als ›Vater‹.

Hugo legt in dieser schwierigen Situation Beständigkeit, Zuverlässigkeit und Verantwortungsbereitschaft an den Tag, was

Emmy selbst schwerfiel zu leben. Hugos väterliches Verhalten stärkt ihre Partnerschaft, aber auch er zieht Kraft aus Emmys Verhalten. »Oftmals denke ich daran, wie Du singen konntest, als Deine liebe Mutter starb. Während sie in Deutschland im Sarg lag, hast Du gesungen. Das werde ich Dir nie vergessen. An jenem Abend wusste ich, wie stark Du bist, wusste um die Unüberwindlichkeit, um die Unzerbrechlichkeit Deines Kinderherzens.«[12] Im Frühjahr 1916 unterstützt sich dieses so unterschiedliche Paar gegenseitig, um gemeinsam den täglichen Herausforderungen gewappnet zu sein, was zugleich zusammenschweißt. Hugo und Emmy haben sich als Paar gefunden.

Im Rückblick reflektiert Emmy die wilde Dadazeit sehr kritisch und distanziert: »Es war eine tumultane, von geistigen Exzessen erfüllte Zeit. Die Einfälle und Erfindungen überboten sich täglich. Auf der Suche nach unverbrauchten Werten und Worten wurde jede Form zertrümmert und das Chaos, das auf der ›Voltaire-Bühne‹ gar oftmals geboten wurde, glich einem Ausdruck jener Verzweiflung, die an Sinnlosigkeit und Wahnsinn streift.«[13] Dada kann ihre Sehnsucht nach Lebenssinn und Orientierung nicht stillen, im Gegenteil es symbolisiert für sie Orientierungslosigkeit und Verzweiflung.

Bereits sechs Wochen nach der Eröffnung des Cabarets Voltaire machen sich bei Ball Erschöpfungszustände und Panikattacken bemerkbar: »Inmitten des Trubels befällt mich ein Zittern am ganzen Körper. Ich kann dann einfach nicht mehr aufnehmen, lasse alles liegen und flüchte.«[14] Und im Juni klagt Ball in einem Brief, dass ihm das allabendliche Klavierspielen die beste Kraft nehme.

Während Emmy den dadaistischen Happenings von Anfang an reserviert gegenübersteht, entwickelt Ball so genannte Lautgedichte, sinnfreie Wortkaskaden ohne Grammatik, Syntax und poetische Ordnung. Hugo Ball und mit ihm Hans

Arp, Tristan Tzara und Marcel Janko werden zum Wegbereiter der modernen Lyrik und Avantgarde, auch durch eine bislang nicht gekannte Art des Vortrags mit Masken und Trommeln. Viele Interpreten sehen in Balls Lautgedichten eine politische und kulturelle Zeitkritik: Durch die Erfahrung des Missbrauchs von Worten in der Kriegspropaganda und als Protest dagegen wolle Ball den sinnentleerten Worten auf den Grund gehen. Er tut dies, indem er sie auf einzelne Laute zurückführt. Mit der Zerlegung der Worte in ihre Bestandteile sei die Hoffnung auf die Erfindung ›funkelnagelneuer‹ Worte verbunden.

Verkleidet als ›magischer Bischof‹ in einem blauglänzenden Kostüm aus Karton mit einem zylinderartigen Schamanenhut, macht Ball urplötzlich beim Vortrag von Lautgedichten eine verstörende Erfahrung. In sein Tagebuch vom 23. Juni 1916 notiert er über den Vortrag des Gedichtes ›gadji beri bimba‹: »Da bemerkte ich, dass meine Stimme, der kein anderer Weg mehr blieb, die uralte Kadenz der priesterlichen Lamentation annahm, jenen Stil des Messgesangs, wie er durch die katholischen Kirchen des Morgen- und Abendlandes wehklagt. [...] Einen Moment lang schien mir, als tauche in meiner kubistischen Maske ein bleiches, verstörtes Jungengesicht auf, jenes halb erschrockene, halb neugierige Gesicht eines zehnjährigen Knaben, der in den Totenmessen und Hochämtern seiner Heimatpfarrei zitternd und gierig am Munde des Priesters hängt.«[15] Ball beschreibt hier die Tiefenwirkung seiner eigenen Lautdichtung. Diese ›magisch erfüllten Worten und Klangfiguren‹ erreichen bei ihm Bewusstseinsschichten, die bis in die Kindheit zurückführen. Im Nachhinein wird Ball dieses Ereignis als eine Schlüsselerfahrung interpretieren, als plötzlich aufscheinende religiöse Dimension, als ersten Impuls zur späteren Bekehrung und Rückkehr zur katholischen Kirche. Es ist zwar kein Bekehrungserlebnis, aber eine tiefe religiöse Er-

Hugo Ball als ›magischer Bischof‹ beim Vortragen seiner Lautgedichte, Zürich 1916

fahrung, auf die er nicht vorbereitet ist und die ihn noch wochenlang beschäftigen wird.[16]

Nach Schließung des Kabaretts Ende Juni 1916 wegen finanzieller Schwierigkeiten und gelegentlicher Beschwerden von Nachbarn findet am 14. Juli im Zunfthaus Zürich ein erster ›Dada-Abend‹ statt, wo alles, was bisher aufgeführt worden ist, nochmals präsentiert wird: Tanz, Lesungen, Musik, Kunstwerke. Emmy trägt hierbei neben Tanzdarbietungen Prosa und Verse vor, während Ball wieder Lautgedichte und das erste ‚dadaistische Manifest'[17] vorliest.

Für Ball ist dieser Abend Höhepunkt und Endpunkt des anarchischen Anti-Kunstbetriebs, denn anschließend plant das Paar, auf eine Kabarett-Tournee an den Vierwaldstätter See zu gehen. Die beiden befinden sich wieder in Geldnöten, denn Emmys Schwester Paula[18] blockiert die Auszahlung der kleinen Erbschaft von ihrer Mutter. Emmy reist Ende Juni voraus und fragt in Hotels nach Auftrittsmöglichkeiten, während Hugo in Zürich eine Werbebroschüre entwirft und Emmys Gedichte abschreibt, die als selbst gebundene Hefte verkauft werden sollen. Ende Juli treten sie in ›sehr vornehmen Hotels‹ mit einem literarisch-musikalischen Programm auf, wobei Ball wieder seine Lautgedicht-Vorträge ›in kubistischem Kostüm‹ vorträgt. Anschließend reisen sie Ende Juli ins Tessin und lassen sich in dem Fischerdorf Magadino bei Lugano nieder.

Warum diese überraschende Abreise des Paares mit der Tochter ins Tessin? Sicherlich sind beide ausgelaugt: Der Dada-Gründer Ball hat vier Monate organisiert, Manifeste und Lautgedichte geschrieben, diskutiert, am Klavier gesessen und mit Emmy jeden Abend auf der Bühne gestanden, was sehr viel Kraft kostete. Deutlich wird aber auch, dass sich Dada für Ball inhaltlich erschöpft hat, denn er notiert in seinem Tagebuch:

»Ich empfand zum ersten Mal mit Beschämung den Lärm unserer Sache, das Durcheinander der Stilarten und der Gesinnung, Dinge, die ich physisch schon seit Wochen nicht mehr ertrage.«[19]

Das »Cabaret Voltaire«, so poltert der Avantgardist in einem Brief gegen seine Mitstreiter, »ist nichtsnutzig, schlecht, dekadent, militaristisch, was weiß ich, was noch. Ich möchte so was nicht mehr machen.«[20] Dass seine Freunde zudem noch ihr Tun als Kunstrichtung ›Dadaismus‹ und in der Buchreihe ›Collection Dada‹ institutionalisieren wollen, beurteilt Ball als Angriff auf die freie Kreativität von Dada.

Hinzu kommt für Emmy die ungewohnte Verpflichtung für ihre Tochter, die sie nicht einfach auflösen kann wie frühere Engagements oder Beziehungen. Die Schwierigkeiten des Zusammenlebens mit einem Kind machen ihren gewohnten Alltag unmöglich. »Es hat viel Veränderung gebracht. Unter anderem: dass wir fast täglich um 6 Uhr aufstehen, weil die Schule um 7 beginnt. Das ist nicht sehr leicht, denn wir kommen oft erst um ½ 1 vom Cabaret nachhause.«[21]

Statt Dada: das ›Büchermachenspiel‹

»Wenn die Dinge erschöpft sind, kann ich nicht länger dabei verweilen.«[1]

Hugo Ball

Als neues Projekt schlägt Ball seiner Partnerin Emmy das ›Büchermachenspiel‹ vor: Sie wollen in der Tessiner Abgeschiedenheit von Magadino literarisch tätig werden, wie es von Anfang an in der Schweiz geplant war, und fangen an zu schreiben. In der Zeit zwischen Ende Juli bis Oktober 1916 verarbeitet das Paar persönliche Erlebnisse: Hugo seine Kabarett-Erfahrungen, die später unter dem Titel ›Flametti‹ erscheinen werden, und Emmy ihre Gefängnisaufenthalte in dem Roman ›Gefängnis‹, einem dokumentarisch-fiktiven Tagebuch ihrer Inhaftierungen. Schreiben wird für sie ein Mittel, ihre Erlebnisse und psychischen Krisen zu bewältigen. Es sind Versuche, gedanklichen Ordnung herzustellen und ihre Gefühle in Sprache zu fassen.

Für Emmy ist dieser Rückzug an den Schreibtisch ein großer Einschnitt. Statt in einem großen Freundeskreis zu leben und zu diskutieren, nachts vor Publikum aufzutreten, Beifall zu ernten und die Abwechselungen der Stadt zu genießen, widmet sie sich nun in ländlicher Einsamkeit ausschließlich dem Schreiben und der Betreuung ihrer Tochter. Hugo hingegen ist glücklich, sich mit Lesen und seinen literarischen Arbeiten beschäftigen zu können: »Morgens um 6 Uhr stehen wir auf, weil unsere Tochter nach Locarno in die Schule geht. Wir arbeiten bis abends um 9. Exercitien im Kloster können nicht strenger sein. [...] Und so wollen wir diesmal durchsetzen, keine Cabarets und Varietés mehr machen zu brauchen.«[2] Wie ganz zu Beginn ihrer Begegnung möchte Ball seine Freundin ›von allen Menschen isolieren‹, um sie aus der anstrengenden Künstler-Szene zu holen, die ihre Drogensucht und schnell wechselnde Beziehungen befördert.

Konfliktfrei ist das Leben auf dem Lande unter dem blauen Sommerhimmel und der Idylle Tessins freilich nicht, denn Emmy ist die Einsamkeit nicht gewöhnt. Daher reist sie Mitte August wieder zurück nach Zürich, um Freunde zu treffen, nach denen sie sich sehnt. Zur großen Enttäuschung von Ball, der ›*sehr* wütend und ärgerlich‹ ist und schimpft: »Lass dich mal recht am Ohr zausen. [...] Verbombaschierst dort das Geld und schreibst geniale Postkarten.«[3] Er sieht seinen Traum vom gemeinsamen Schreiben in der Einsamkeit gefährdet und fürchtet unnötige Geldausgaben. Zwar näht sich Emmy ihre Kleider selber, wobei der Saum zumeist schief ist und die Falte nicht sitzt, aber dennoch leidet das Paar unter ständigem Geldmangel. In Sachen Finanzen versucht er, das Geld zusammenzuhalten, sie will im Hier und Jetzt leben, was zu Konflikten führt.

Drei Tage später hat er sich beruhigt, er weiß, dass er mit Vorwürfen Emmy nicht gewinnen kann, und wirbt um sie. Er versucht, ihr eine Rückkehr mit der Aussicht auf ein kleines Haus in Ascona samt Garten und Zugang zum See schmackhaft zu machen, mit einem nahen Gasthaus, sodass Emmy nicht mehr kochen muss, mit einem deutschen Kaffeehaus und der Möglichkeit, schwimmen zu gehen.

Als Emmy zurückkommt, mieten sie sich in einem Gasthof ein, wo sie selbst wirtschaften und kochen können. Fast täglich gibt es Annemarie zu Gefallen Pudding, der oft vor dem Hauptgericht gegessen wird. Hugo unterstützt sie beim Malen, aber nach Emmys Auffassung verwöhnt er sie zu sehr. Morgens geht das Paar an den Strand, um zu baden, abends spazieren sie unter dem Nachthimmel im Garten. Im Nachhinein konstatiert Emmy: »Wir brauchten für bittere Realitäten ein Gegengewicht.«[4]

Emmy beginnt zu schreiben, und was Hugo liest, begeistert ihn: »Madame Hennings schreibt ein so interessantes Buch, gegenwärtig, dass ich unbedingt dabei sein will. Ich bin entzückt von diesem Buch, begeistert«.[5] Für beide ist die Zusammenarbeit ein Gewinn: Hugo hat jemanden, mit dem er über seine Arbeit diskutieren kann und Emmy erhält Tipps und Anregungen zum Schreiben, da sie sich bisher noch an keinen Roman gewagt hat. Hugo ermuntert sie: »Du wirst den großen Umsturz machen mit Deinem großen Buch [...], und ich will Dir helfen dazu aus meiner ganzen Kraft, wie Du mir geholfen hast.«[6] Die Besonderheit der Ehe von Ball und Hennings besteht in einer geglückten Gleichberechtigung: Konkurrenz beim literarischen Schaffen kennen sie nicht, nur den gemeinsamen Kampf ums Überleben. Auch der Alltag wird gemeinsam bewältigt. Bei Künstlerpaaren – wie bei jedem Zusammenleben von Mann und Frau – stellt sich im Laufe der Zeit unwillkürlich die Frage nach den Aufgabenteilungen und Machtverhältnissen in der Partnerschaft: Wer sorgt sich um den Haushalt, wer um das Kind, wer kauft ein und wäscht, wer bekommt Zeit und Platz, um zu arbeiten, wie ist der Umgang mit dem Geld? Hugo jedenfalls versucht, Emmy zu unterstützen und in der Hausarbeit zu entlasten, indem er anbietet, im Gasthaus essen zu gehen, damit sie nicht kochen muss. Er schreibt in den vier Monaten von Tessin 150 Schreibmaschinenseiten für Emmy ab, beschäftigt sich mit dem Kind, indem er es oft mit an den Strand nimmt, damit sie in Ruhe arbeiten kann. Zudem ist er bereit, ein weiteres Arbeitszimmer zu mieten. Sie hingegen kümmert sich um den Haushalt, kocht und wäscht, liest Balls Manuskript, über das sie sprechen und diskutieren.

Hugo wird sich im Tessin bewusst, dass er seine religiösen Orientierungen verloren hat und er sich im Zustand der ›geistigen Obdachlosigkeit‹ befindet, ja später bedauert er die Blasphemien seiner Münchener Expressionistenzeit und mancher seiner Dada-Texte. Gelegentlich finden sich bei Ball nun religiöse Gedanken und Texte. Er ist offen für Emmys religiöse Übungen, die ihn zu Reflexionen über Religion und Kirche anregen. Im August 1916 kniet er »mit Emmy in der Kirche von Vira zur Abendandacht« und notiert sich: »Zu wie vielen Erscheinungen und großen Personen der Überlieferung bietet die Kirche den einzigen Schlüssel. [...] Mein Bischofskostüm und mein lamentabler Ausbruch bei der letzten Soirée beschäftigen mich. Der Voltaire'sche Rahmen, in dem das stattfand, war dafür wenig geeignet und mein Inneres nicht darauf vorbereitet. [...] Auch die Kirche ist bunt und phantastisch – aber nur von außen gesehen. [...] Der oberflächliche Beschauer vermag keinen Zugang zu finden, das Geheimnis bleibt ihm verborgen.«[7]

Zeitlebens nimmt Hugo Anregungen aus seiner Umwelt auf und verarbeitet sie in Überlegungen und Notizen. So besucht er in diesem Sommer 1916 mit Emmy weitere Gottesdienste in den Kapellen am Lago Maggiore und es beginnt das, was Emmy später als ›Hugo Balls Weg zu Gott‹ beschreiben wird. In seiner späten Schrift ›Die religiöse Konversion‹ entwickelt Ball den Begriff der ›langsamen Konversion‹[8], was seinen eigenen Weg zum Glauben beschreibt: Denn bereits kurz nach Beginn der Emigration beschäftigt er sich immer wieder mit dem Katholizismus, indem er katholische Autoren Frankreichs wie Bloy und Péguy und deutsche Romantiker wie Baader und Görres liest.

Im Oktober wird das Büchermachenspiel im Tessin abgebrochen: Zwar hat das Paar seine Romane ›Flametti‹ und ›Gefängnis‹ nicht abgeschlossen, ihnen ist das Geld ausgegangen und es fehlen die Freunde. Ball stellt fest: »Es gibt keine Unterhaltung, keine Bücher, keine Zeitungen. Es gibt nur schönes Wetter.«[9] Zudem leidet Emmy an einer Ohrenentzündung und unter Drogenentzug, sodass sie tagelang vor Entkräftung schläft.

Ende Oktober 1916 kehrt Ball alleine nach Zürich zurück, um dem Freund und Schriftsteller Leonard Frank beizustehen, der Selbstmordabsichten bekundet hat. Kaum ist Ball abgereist, versichert ihm Emmy ihre Liebe in Briefen voller Poesie und Sehnsucht. Auch in späteren Jahren schreiben sie sich immer wieder glühende Liebesbriefe, kaum dass einer der beiden abgereist ist. Das beste Bindemittel für ihre Partnerschaft ist die gelegentliche räumliche Distanz, wobei besonders Emmys Fluchten Folge ihrer ›Wandersucht‹ sind. Befindet sich der Partner in der Ferne, wird er zum Objekt eigener Projektionen und Sehnsüchte gemacht, so wie Emmy in einem Brief Anfang Herbst 1916 schreibt, als Freunde Balls Gedicht ›Totentanz‹ begeistert loben: »[...] In diesem Augenblick flammte ich vor Stolz, weil ich Deine Frau bin, und darf ich das sein, Hugo? [...] Ich bin jetzt so rein und klar Dir gegenüber [...] und bin glücklich, in Dich versinken zu können. Das war noch das Allerpersönlichste, o Liebster, ich sehe ein, ich müsste Dir ein Buch schreiben, das Buch meiner Liebe, das Dir so allein gehört.«[10] Die Frage, ob sie seine Frau sein darf, klingt wie ein Heiratsantrag und in der Tat, Emmy denkt im Herbst 1916 daran, Hugos Frau zu werden. Das Thema Heirat war bereits im Januar aktuell, hatte Emmy doch auf ihre Anfrage bei der Flensburger Polizeiverwaltung eine Meldebescheinigung ›zum Zwecke der Eheschließung‹ erhalten.

Ball antwortet umgehend: »Emmely, liebes süßes Seepferdlein, Dein Brief hat mich so unbändig glücklich gemacht [...]. Es stand ja ganz schlimm mit mir, als wir Deutschland verließen. Du hast Dich ja ganz geopfert für mich. Du gehörst ja so ganz zu mir, Putzlein, und es hätte gar keinen Sinn für mich, da zu sein ohne Dich. [...] Emmely, *Du* bist meine kleine Frau.«[11] Aber bis zur Heirat wird es noch vier Jahre dauern, Jahre, die einer emotionalen Berg- und Talfahrt gleichen.

Erneute Faszination für Dada

»Ich habe ein seltenes Talent, mich mit den ›geistigen Menschen‹, die in meine Nähe kommen, alsbald zu verkrachen.«[1]

Hugo Ball

Trotz dieser Liebesbezeugungen wissen beide nicht, wie es beruflich und privat weitergehen soll. Die nächsten Monate herrscht ein reges Hin und Her zwischen Zürich, dem Tessin und anderen Orten in der Schweiz. Auch beruflich werden immer wieder neue Anläufe unternommen. Ball reist zunächst nach Ermatingen, wo ihn René Schickele für seine Zeitschrift die ›Weissen Blätter‹ anbietet, Übersetzungen von französischen Schriftstellern anzufertigen. Mit dem Honorar von 800 Franken ist vorerst die größte Geldnot gemildert.

Hugo plant für die Zukunft: »Ich mache keine Tournée mehr, kein Cabaret mehr.«[2] Aber schon im Dezember 1916 gibt das Künstlerpaar in Winterthur eine sonntägliche Zwei-Personen-Matinée und Ball ist wieder interessiert, an Autorenabenden mit den Dada-Freunden mitzuwirken. Parallel hierzu beginnt Ball, an einem Buch über den russischen Anarchisten Bakunin zu arbeiten, um sein Denken im deutschsprachigen Raum bekannt zu machen. Bis ins Jahr 1919 vertieft sich Ball immer wieder mit großem Zeitaufwand in das Bakunin-Brevier, das eine chronologische Textauswahl bietet. Sein Interesse erweitert sich auf politische Fragen, was ihn ab Ende 1917 ganz in Beschlag nehmen wird.

Im Dezember leben Emmy und Hugo in Zürich räumlich getrennt, er wohnt im Vorort Riesbach zur Untermiete, sie mit dem Kind in der Stadt in einem Hotel und »arbeitet sehr fleißig an ihrem Roman. [...] Emmely ist immer ein wenig krank und schwach. Das fanatische Denken und Schreiben strengt ihre zarte Gesundheit sehr an.«[3] In den Briefen Emmys tauchen auch kleine Alltagsprobleme auf: »Steffgen [Kosename für Hugo Ball, d. Verf.], ich hab eine Maus im Zimmer. Soll ich vielleicht eine Katze einsperren, während wir in Winterthur sind? Oder kannst Du eine Falle kaufen, aber das ist wieder so ein Luxus.«[4] Weihnachten verbringt die Familie zusammen mit dem befreundeten Ehepaar Leon Richter und der besorgte Hugo plant, einen kleinen Baum aufzustellen und Lieder zu singen.

Über Balls alltägliches Verhalten zur exzentrischen und wieder drogenabhängigen Emmy gibt es einen anrührenden Bericht von Friedrich Glauser, dem Urheber des deutschsprachigen Kriminalromans. Über ein Treffen mit Ball im Januar 1917 im Künstlercafé Odeon schreibt Glauser: »Als ich an einen Tisch trat neben der Tür, in einer Nische, stand dort ein großer Mensch auf, der mir schweigend und lächelnd die Hand drückte. [...] Ball spricht nicht viel [...]. Wieder geht die Tür auf. Ein kleines, blondes Geschöpf, dem auch der grünspanige Sweater nichts von seiner Zierlichkeit rauben kann [...]. Sein bleiches Gesicht ist stark gepudert wie bei einem kindlichen Clown. ›Das ist Emmy Hennings.‹ Sie blickt mich zuerst misstrauisch an. Ihre kleine Hand mit den abgebissenen Nägeln ist fieberheiß, und diese Hitze will gar nicht zu dem weißen Gesicht passen. Sehr erregt ist diese kleine Frau, sie zittert immer ein wenig, wie eine bunte Papierschlange vor einem Ventilator. Nun stürzt sie sich in die Erzählung eines grauenhaften Erlebnisses, das sie am Abend vorher gehabt hat. Geht sie da am See spazieren im dichten Nebel. [...] Da plötzlich sieht sie auf einem von einer Laterne beschienenen Baum ihre Großmutter sitzen. [...]›Ich sage ganz laut: Großmutter, aber die alte Frau schaut mich nur an und schweigt. Es hat mich ein großer Schauer gepackt. Was hat das wohl zu bedeuten? [...] Das geht doch nicht‹, – die Stimme wird weinerlich- ›ich kann doch meine tote Großmutter nicht einfach so auf einem Baum sitzen lassen. Was meinst du, Hugo, soll man da machen?‹ Es ist möglich, viel Aufschluss über den Charakter seiner Mitmenschen zu erlangen, wenn man sie beobachtet, wie sie sich einer so genannten Exzentrizität ihrer Mitmenschen gegenüber verhalten. Tzara lacht schief und verlegen [...]. Ich schweige und sehe Ball an [...], ein sehr schönes Lächeln entsteht auf seinen Lippen, nicht etwa ein nachsichtiges, ein sehr brüderliches könnte man sagen. ›Nun ja‹, sagt er mit seiner tiefen Stimme, die sehr ruhig und selbstverständlich klingt, ›die alte Großmutter hat eben Sorgen gehabt um ihr Enkelkind und ist gekommen nachzusehen, wie es ihm geht. Das kleine Enkelkind war sicher auch so hilflos und hat gefroren in der kalten Nebelluft. Da musste die Großmutter doch nachsehen kommen.‹ Er hält seine große Hand über die Hand seiner Freundin, und diese schützende Gebärde passt gar nicht in den Lärm der leeren Gespräche.«[5]

Ball begegnet der nervös und kindlich wirkenden Emmy mit Zuspruch und geht auf sie ein. Er reagiert mit Aufmerksamkeit und Verständnis, er beruhigt die zutiefst verunsicherte Emmy und zeigt seine Fürsorge. Das sind Verhaltensweisen, die Hugo gegenüber Emmy immer wieder an den Tag legt. Zum Schluss charakterisiert Glauser die Persönlichkeit Balls mit den Worten: »Ball war einer jener so seltenen Menschen, denen Eitelkeit und Pose vollkommen fremd sind. Er stellte nicht vor, er war.«[6]

Anfang Januar 1917 bricht Emmy völlig entkräftet ohnmächtig auf offener Straße zusammen. Sind es die Folgen des Drogenkonsums oder die Anstrengungen der letzten Monate? Vermutlich beides. Zu den physischen Problemen stellen sich ungelöste Fragen nach der Zukunft: Schriftstellerin oder Schauspielerin, Wunsch nach Ruhe und Einsamkeit oder Hektik in Künstlerkreisen, Zusammenleben mit Hugo Ball oder Beziehung zu anderen Männern? Hugo jedenfalls schreibt ihr besorgte Briefe, ermuntert sie, auf sich zu achten, empfiehlt, Bäder zu nehmen, und berichtet von seinen vielfältigen Bemühungen, ihr Gefängnismanuskript Verlagen anzubieten. Er umwirbt sie mit Kosenamen wie Lindelbäumchen, Schneehäschen, Guillotinen-Tinchen und Rumpelstilzchen.

Auffällig ist, dass Emmy sich in dieser Zeit von Hugo immer mehr zurückzieht. Von Heirat ist nicht mehr die Rede, stattdessen will sie selbstständig und unabhängig sein. Tochter Annemarie wird in einem Internat untergebracht und Emmy geht im Februar für ein paar Tage ins Kloster Einsiedeln, um Abstand zu gewinnen und schreiben zu können. Ball umschmeichelt sie in einem Brief: »Es ist etwas Schönes um die katholische Kirche. Sie ist wie eine ewige Mutter, die uns Eintagskinder in ihre Arme auffängt. [...] Erhole dich gut, Liebste, schöpfe neuen Atem und neue Kraft und sammle dich.«[7]

Trotz der Bemühungen Balls um Emmy schlittert die Beziehung in eine handfeste Krise, zumal ihr ehemaliger Liebhaber Hardekopf in der Schweiz auftaucht, sie umwirbt und sie sich immer wieder treffen. Die lebhaft-exzentrische Emmy schwankt, ist unsicher und leicht beeinflussbar. Hat Emmy im Spätherbst 1916 bereits von der ›Tragödie unseres Beisammenseins‹ gesprochen, gestaltet sich der Kontakt zwischen Emmy und Hugo im Frühjahr 1917 als immer schwieriger. Ball ahnt, dass Emmy sich wieder zu Hardekopf hingezogen fühlt, und reagiert eifersüchtig. »Hardekopf werde ich später wieder mehr Recht widerfahren lassen. Jetzt aber sollte er selbst den Takt haben, nicht so nahe zu kommen. Er verletzt sich und mich damit. Glaube mir das, Liebling.«[8]

Im März erliegt Ball wieder der Faszination ›Dada‹ und beginnt, mit anderen Künstlern Aufführungen und Ausstellungen zu planen. Am 17. März 1917 eröffnen Ball und Tzara als Organisatoren die ›Galerie Dada‹ in einer 5-Zimmerwohnung in der elegantesten Geschäftsstraße Zürichs, der Bahnhofstraße. Obwohl eingeweiht, nimmt Emmy nicht an der Eröffnung teil. Sie hat sich nach Ascona zurückgezogen, aber ist mit den Gedanken dabei und wünscht Tzara in einem sehr emotionalen Brief ›Glück für die Dada-Galerie‹.

Nicht nur räumlich, sondern auch emotional haben sich Emmy und Hugo Anfang März weit voneinander entfernt. Ihre verzweifelte, aussichtslose Seelenlage offenbart sie Tzara – nicht aber Hugo Ball – in einem Brief: Ich bin »[...] längst aus dem Rahmen gefallen, ich, ich schlecht gezimmertes buntes Wimpelboot, das dem Tumult der Seelenstürme nicht standhält, ich schreibe gerade Ihnen [...], und wenn ich sie um etwas bitten darf, werden sie ihm [Hugo Ball, d. Verf.] auch sagen, dass er nicht traurig sein soll über mich, im Gegenteil, ich suche eine abgründige Veränderung. Lieber Tzara, ich spüre seit Monaten, dass ich einen Anlauf zu einer Veränderung nehmen muss.«[9]

So schreibt jemand, der in einer tiefen seelischen Krise steckt und verunsichert ist, wie es weitergehen soll. Wie häufig reagiert Emmy sehr emotional. Sie möchte sich neu orientieren, ihre gegenwärtige Situation verändern, um zu überleben. Das kann nur heißen, dass sie überlegt, sich von Hugo zu trennen.

Wie Hugo auf diese dramatische Entwicklung und Emmys Verhalten reagiert, ist nicht überliefert. Allerdings kehrt Emmy kurze Zeit später nach Zürich zurück, denn sie fühlt sich den Freunden und ihren Projekten verbunden, um gemeinsam zu organisieren und aufzutreten. Jedenfalls steht sie ab dem 23. März auf dem Programm, um zu tanzen, zu singen und zu rezitieren. Sie ist wieder in ihrem Element. Bilder von Arp, Klee, Kandinsky, Max Ernst und Kokoschka werden ausgestellt und abends werden neue Musik und Tänze aufgeführt und literarische Texte vorgetragen. Insgesamt aber herrscht eine Programmlosigkeit und Willkür bei der Auswahl der Darbietungen, obwohl die Soiréen gut besucht sind. Emmy selbst wohnt allein in der Galerie und engagiert sich als Kassiererin und Putzfrau. Es kommt wieder zu einer Annäherung an Ball.

Warum Emmy dann wieder bereits Mitte Mai ohne Ball mit Annemarie ins Tessin reist, bleibt unklar. Will oder soll sie ihrem früheren Liebhaber Hardekopf aus dem Weg gehen, der in der Galerie auftreten wird? Ich vermute, Ball bat sie darum – und stellt ihr zugleich in Aussicht, gemeinsam auf eine Almhütte im Tessin zu ziehen und dort wieder an den Manuskripten zu arbeiten.

Emmy ist zwar über ihr Weggehen sehr unglücklich: »Ich weiß erst jetzt, wie sehr mir die Galerie gefällt, auch wenn ich manchmal nervös war, aber die Galerie ist gut, die Galerie ist süß.«[10] Zugleich sehnt sie sich nach Einsamkeit, ist müde und fühlt sich in ihren Bedürfnissen unverstanden: »Könnte man doch Trappist werden. Ich möchte auf nichts mehr antworten und einen Zettel um den Hals tragen; ›Ich bin da. Pardon.‹ … Wer ist so unselig dran wie ich, die so gern verstanden sein will, und wenn ich am deutlichsten bin, versteht man nie.«[11]

Dieses Nicht-Verstanden-Werden macht hellhörig. Es ist ein Hilferuf in einer anscheinend als ausweglos empfundenen

Hugo Ball und Emmy Hennings, Zürich 1917

Situation, denn einfach ausbrechen und wie früher alles hinter sich lassen, ist kaum möglich, da Emmy sich um ihr Kind kümmern muss und der sonst immer fürsorgliche Hugo jetzt seinerseits ihre Hilfe benötigt. Denn er befindet sich in einer schwierigen Phase. Er hat sich bei der Organisation der Galerie und bei Auseinandersetzungen mit Tzara und anderen Dadaisten sowie durch eigene Auftritte gesundheitlich völlig aufgerieben. Zudem hat der Vermieter die Wohnung, in der sich die Galerie befindet, gekündigt und die Schulden betragen mehr als 300 Franken.

Ende Mai reist der erschöpfte Ball mit Annemarie Hals über Kopf in das Tessin und schreibt an Emmy, die in Zürich zurückbleibt: »Ich kam an, ganz erschöpft und kraftlos. Meine Stimme, meine Augen, mein Herz – alles ganz müde. [...] Es war wirklich hohe Zeit, dass ich reiste. Ich kam kaum hierher. [...] Wie gut ist es, dass ich weiß, ein so tüchtiges Putzlein an meiner Stelle zu haben in Zürich. Ich bin wirklich ruhig, denn ich weiß, wie sehr Du praktisch und tüchtig bist, wenn es gilt.«[12]

Es ist auch eine Überreaktion und Flucht, ein Verhalten, das Ball mehrfach zeigt. Er bittet Emmy, in Zürich, bei der Auflösung der Galerie, zu helfen. Offensichtlich hat Hugo nicht mehr die Kraft, sich mit komplizierten organisatorischen Fragen und zwischenmenschlichen Problemen auseinanderzusetzen. Diesmal delegiert er die Arbeit an Emmy. Noch 30 Jahre später kommentiert sie die überstürzte Abreise Hugos, die unter den Dada-Kollegen für große Verstimmung sorgt, mit den bezeichnenden Worten: »War der Dadaismus ein Zelt für Hugo, dann brach er es nicht eigentlich ab, sondern ließ es stehen, wo es stand, und fuhr eines schönen Tages in den Tessin. Da ich noch mit Aufräumarbeiten beschäftigt war, folgte ich ihm einige Wochen später nach.«[13]

Hugo und Emmy steigen nun endgültig aus der Dada-Bewegung in Zürich aus. Mit der Liquidation der Galerie folgt bei Ball erneut eine kritische Auseinandersetzung mit dem Dadaismus. Lehnten die Dada-Künstler zu Beginn jede künstlerische Festlegung ab, hat sich die Bewegung nun zur institutionalisierten Provokation und zum »-ismus« entwickelt. Statt einer in festen Formen gefesselten neuen Kunstrichtung wollte Ball mit Dada etwas Freies, Schöpferisches und Improvisiertes entwickeln. »Man soll aus einer Laune keine Kunstrichtung machen«[14], erklärt Ball abfällig. Mit dem Misserfolg der Galerie ist für ihn auch Dada gescheitert.

Im Laufe seines Dada-Engagements, bei dem in kurzer Zeit vielfältige Werke entstanden, muss Ball sich seiner ›geistigen Obdachlosigkeit‹ bewusst geworden sein. Bezeichnend hierfür ist sein Vortrag, den er im April über Kandinsky gehalten hat, wo er drei Kennzeichen beschreibt, die den Einzelnen bedrohen: dass Gott tot und das Christentum zusammengebrochen sei, dass der Umbruch der alten Ordnung in Chaos und Orientierungslosigkeit ende und dass die Massengesellschaft zum Identitätsverlust des ›Ichs‹ führe.[15] Dieser Aufsatz muss gelesen werden als Zustandsbeschreibung von Balls intellektuellem Zustand Mitte des Jahres 1917, als eine Erfahrung des Chaos und der Krise, woraus er einen Ausweg und eine Orientierung sucht. Interessanterweise kommen zu dieser Zeit verstärkt Magie, Religion und Glaube für Ball in den Blick. Zu Ende der Galerie Dada häufen sich z. B. die religiös-mystischen Eintragungen in seinem Tagebuch und auch in der Galerie Dada werden religiöse Texte mittelalterlicher Mystiker vorgelesen. Es ist der Beginn der »Überwindung des Chaos und der Immoralität in allen höheren Formen«[16], wie Ball später schreiben wird. Dada ist für Ball letztlich nur eine insgesamt achtmonatige, rauschhafte Episode. Er wendet sich nun wieder der Schriftstellerei zu und setzt die Arbeit an dem Bakunin-Buch fort.

Ohne Hugo wäre Emmy wahrscheinlich in Zürich geblieben. Aber statt sich die Frage zu stellen, wie es in der Partnerschaft und beruflich weitergehen soll, setzt Hugo den Plan um, mit Emmy und Friedrich Glauser auf eine Almhütte zu ziehen und dort in paradiesischer Einsamkeit zu schreiben. Hugo möchte sich auch räumlich trennen von Dada, um über die zukünftigen Ziele in aller Abgeschiedenheit nachdenken und Emmy von den Freunden und ihrem ehemaligen Liebhaber fernhalten zu können. Zudem verspricht der Aufenthalt preiswert zu werden, denn wie immer befindet sich das Paar in Geldnöten und es möchte möglichst lange von dem kleinen, von Emmys Mutter geerbten Geldbetrag leben.

Am 1. Juli 1917 macht sich eine kleine Karawane von Maggia auf in die Tessiner Berge: Hugo Ball schleppt in einem Tragekorb Schreibmaschine und Bücher, während Emmy und Annemarie Lebensmittel, 20 Pakete Philos-Cigaretten, 1000 Blätter Schreibpapier, Kochgeschirr und eine Kaffeemühle tragen. Glauser schließt sich der Gruppe an und transportiert Lampen und Werkzeuge. Mitgeführt wird auch eine Ziege als Milchlieferantin. In einer einfachen Steinhütte richten sie im Stroh das Nachtlager ein und als Arbeitstisch dient ein großer Feldstein, auf dem die drei abwechselnd an der Schreibmaschine arbeiten: Ball an seinem Bakunin-Brevier, Emmy an ihrem »Gefängnis«-Buch und Glauser an Übersetzungen. Von einer ›idyllischen Freiheit‹ schreibt Emmy in ihrem Tagebuch, was wohl ein Hinweis darauf ist, dass sie die heile Welt in den Bergen nach den harten Jahren zu Beginn der Emigration genießt. »Wir sind allein, endlich allein. [...] Es ist schön, wie im Paradies, und wir haben noch 72 Franken. [...] Wir wollen nicht nach Flitterwochen, sondern nach Flitteraugenblicken denken.«[17] Dabei wird ihre Sehnsucht nach einem glücklichen Familienleben, von dem sie bereits früher geträumt hat, für eine kurze Zeit Wirklichkeit.

Bereits nach 14 Tagen verlässt Glauser die Alm. Als Grund gibt er Schwierigkeiten Balls an, für den alltäglichen Unterhalt zu sorgen, da erwartete Geldüberweisungen ausbleiben. Weitere zwei Wochen später beenden auch Hugo und Emmy ihren Aufenthalt in den Bergen, einerseits aus Geldmangel, wie Emmy in ihren Erinnerungen schreibt, andererseits sind zwischen Emmy und Hugo wieder Spannungen aufgetreten. Sie ziehen mit ihrer elfjährigen Tochter wieder nach Ascona, wo sie am Seeufer Zimmer beziehen.

Ein Paar in der Krise

»Es hat mich oft und immer wieder in Erstaunen versetzt, wie er eine Epoche nach der anderen beiseiteschieben konnte, ohne zurückzublicken, nur vorwärts, das Gegenwärtige im Blick.«[1]

Emmy Hennings

Wie soll es weitergehen? Beide sind wieder einmal ratlos. Schließlich reist Ball im Herbst 1917 nach Bern, um sich ›nach einer Verdienstmöglichkeit umzusehen‹. Dort soll von René Schickele eine neue politisch-literarische Zeitschrift erscheinen und es wird ihm Mitarbeit und Verdienst in Aussicht gestellt, was sich aber schnell zerschlägt. Emmy bleibt mit ihrer Tochter zunächst am Lago Maggiore zurück.

Ball lebt von September 1917 bis zum Frühjahr 1920 in Bern und wendet sich dort dem politischen Journalismus zu. Im Rückblick auf diese Zeit schreibt Ball in seinem Tagebuch: »Als ich damals nach Bern fuhr, wie hätte ich gedacht, auf so heftige Weise in die Politik zu geraten. Ich bin zu leicht begeistert und kenne dann keine Halbheit, keine Bedenken.«[2] Entschlossen und konsequent zugleich, vollzieht Ball wieder eine seiner radikalen Kehrtwendungen und wird vom Künstler zum politischen Publizisten. Rückblickend auf Hugos Leben konstatiert Emmy: »Die äußeren Veränderungen sowie die Änderungen seiner Gesinnung fanden stets so plötzlich statt«.[3]

Da er sich ständig in Geldnot befindet, nimmt er Kontakt zur neugegründeten ›Freien Zeitung‹ auf, geht zur Redaktion und bringt gleich einen Artikel mit, der Ende September erscheint. Als freier Mitarbeiter arbeitet er für die in Deutschland verbotene Zeitung, die während des Ersten Weltkrieges die wichtigste Zeitung des deutschsprachigen Exils in der Schweiz ist und die die deutsche Kriegspolitik konsequent ablehnt. Parallel hierzu schreibt er weiterhin über Bakunin und – ab Mitte Dezember 1917 – an einem Buch, dem er den Titel ›Kritik der deutschen Intelligenz‹ geben wird. In dieser Streitschrift versucht er, die Schuld am Ersten Weltkrieg aus der Geistesgeschichte Deutschlands zu erklären.

Für seinen und Emmys Lebensunterhalt verhandelt er immer wieder mit Verlagen und Zeitschriftenredaktionen über die Veröffentlichung von seinen und Emmys Manuskripten. Geplagt vom drastischen Geldmangel, an einem Tag hat er nur noch 1 Franken 20 in der Tasche, ernährt sich Hugo oft tagelang nur von ein paar Birnen, während Emmy im Tessin mit Wassersuppe vorliebnehmen und sogar Briefmarken anschreiben lassen muss, wenn sie Hugo schreiben will. Ab April 1918 verbessert sich die Lage, Ball wird festes Mitglied der Redaktion der ›Freien Zeitung‹, was ihm nach langer Zeit größter finanzieller Not erstmals regelmäßige Geldeinkünfte beschert.

Emmy, die wieder ein selbstbestimmtes Leben führen möchte, lebt bis Ende 1918 von Hugo getrennt und hält sich – bis auf wenige Besuche bei ihm – in Ascona, Zürich oder Locarno auf. Es ist eine schwierige Phase für ihre Beziehung. Tochter Annemarie wird in dieser Zeit vernachlässigt und häufig zu Bekannten und Freunden zur Pflege abgeschoben. Emmy fühlt sich überfordert und kreist um sich selbst und ihre persönlichen Anliegen, statt sich um ihr Kind zu kümmern.

Emmys Briefe in dieser Zeit zeugen von ihrem Erlebnishunger, aber auch von ihrer Zerrissenheit zwischen einem autonomen Leben und der Beziehung zu Hugo und ihrer Tochter. In ihren Erinnerungen übergeht sie die Paarprobleme völlig, ja sie führt sogar aus, ihre Trennung habe nie lange gedauert, was nicht der Wahrheit entspricht. Emmy, die sich von Hugo unverstanden fühlt, hat schon seit dem Frühjahr eine Veränderung ihrer Situation gefordert. Sie will mehr Freiheit und Eigenständigkeit, da sie sich in der Partnerschaft eingeengt fühlt. Aus Hugos Briefen kann man Emmys Streben nach Freiheit und Unabhängigkeit rekonstruieren, denn Hugo schreibt am 9. September 1917: »Ich wünsche und segne Dir Deine Freiheit, mein Liebling. [...] Wir haben sehr geklebt aneinander. Das muss eine andere Wendung nehmen. Aber wir werden uns tief treu bleiben, Emmylein, nicht wahr? Und Deine kleine Gesinnung zu mir soll sich nicht ändern und ich will Dich immer ganz nah wissen.«[4]

Hugo zeigt Verständnis für Emmys Freiheits- und Unabhängigkeitsstreben, versucht aber, wenigstens per Brief Kontakt zu halten, und ist unglücklich, wenn er nicht jeden Tag von ihr Nachricht erhält. Seine Briefe sind ergreifende Liebesbriefe eines Verzweifelten, der um seine Geliebte kämpft: Immer wieder überschüttet er sie mit Kosenamen. Er bittet sie, auf ihre Gesundheit zu achten und sich zu schonen, will ihr Geld schicken, obwohl er selbst unter ständigem Geldmangel leidet, sorgt sich um ihr Wohlergehen und bittet flehend, ihm täglich zu schreiben, wodurch ›die Entfernung viel kleiner‹ würde. Bei ihm ist Fürsorglichkeit gepaart mit erdrückender Sorge. Emmy, die Hugos Fürsorge als Ausweis seiner besonderen Liebe erlebt hat, als sie im Gefängnis war, erlebt die Fürsorge jetzt als einengendes Verhalten. Was bisher als anziehend erschien, wirkt jetzt einschränkend und klammernd.

Hugo rät ihr ab, Arbeit in einer Fabrik anzunehmen, und ist sogar bereit, wieder mit ihr aufzutreten, nur um mit ihr zusammen zu sein. Immer wieder zeigt er Verständnis und Sorge um ihr Wohlergehen und geht auf ihr Befinden ein. So traut er sich kaum, Emmy Geld »zu schicken, weil Du Dich vielleicht ängstigen wirst und sagst: ich will Dich dafür in den Käfig setzen«[5].

Hugos Briefe sind Zeugnisse des unbedingten Strebens eines Liebenden, für seine Liebe zu kämpfen. So schreibt einer, der seinem sprunghaften Gegenüber verfallen ist, der emotional abhängig und bereit ist, sich für diese schwierige Frau zu opfern. Dabei idealisiert er seine Geliebte, deren Unausgeglichenheit, die bei ihr immer wieder zu überraschenden Ausbrüchen führt, er geduldig erträgt. Ball besitzt eine große Liebeskraft und diese hat er auch nötig, denn Emmy ist wieder Liebesabenteuern mit anderen Männern nicht abgeneigt.

Was Hugo ahnt und insgeheim befürchtet, wird Wirklichkeit: Emmy, die seit Oktober wieder häufig in Zürich ist, trifft sich mit ihrem früheren Liebhaber Hardekopf und verliebt sich zugleich in den »gut aussehenden, feurigen Spanier del Vajo«[6]. Die lebenshungrige Emmy pendelt zwischen Ascona und Zürich, zwischen Schreiben und Auftritten in Varietés, zwischen Arbeit in einer Zigarettenfabrik und als Haushaltshilfe sowie zwischen Männern wie Ball, Hardekopf und del Vayo. Alle drei umwerben Emmy: Hugo als zuverlässiger, treu sorgender Freund, Hardekopf als ehemaliger Liebhaber, der mit ihr nach Deutschland reisen möchte, und der Spanier, der sie mit seinem südländischen Charme fasziniert. »Das sind andere Kerle dort, wie die Deutschen«[7], schreibt sie an Ball und deutet damit an, was sie an ihm vermisst.

Von Oktober 1917 bis Anfang 1918 lebt Emmy ihre Liebe mit del Vayo, sie hilft dem Journalisten bei Übersetzungen und bei seinen politischen Aktivitäten. Er begleitet sie zu Varietévorstellungen in Schaffhausen und Winterthur. Ihre Auftritte als Sängerin finden in zwielichtiger Umgebung statt, einem Milieu, das sie eigentlich hinter sich lassen möchte. In dieser

Zeit wird sie sogar von einem Zuschauer krankenhausreif geprügelt.

Hugo entdeckt alsbald Emmys Liebesaffäre und ahnt, dass der liebenswürdige und beliebte del Vayo menschliche Qualitäten besitzt, die Emmy an ihm vermisst: Leichtlebigkeit und sprühendes Temperament. Im Dezember umwirbt Hugo sie sehr eindringlich in einem herzzerreißenden Brief: »Putzilein, der [Hugo, d. Verf.] will Dir nichts Böses tun. Der will nur, dass Du ihn lieb, lieb, lieb hast. [...] Ja, ja ... der ist gar misstrauisch geworden und kopfscheu [...], dann wird er wieder traurig und lässt den Kopf hängen wie ein krankes Pferd.«[8]

Als Hugo merkt, dass er bei Emmy mit seinen Briefen wenig auszurichten vermag, kämpft er um ihre Liebe. Er schreibt direkt an seinen Konkurrenten, um seinen ›Besitzanspruch‹ geltend zu machen: »*Ich* liebe Emmy Hennings und würde *nie* auf sie verzichten. [...] Emmy Hennings hat mit mir drei Jahre furchtbarer Dinge durchlebt. Ich verdanke ihr meine Existenz und auch sie kann und wird sich von mir nicht mehr trennen können. Als Frau Hennings im Herbst von Zürich kam, war ich von der Not gezwungen, sie freizugeben. Sie, verehrter Herr del Vayo, waren gütig zu ihr, während *ich* keinen anderen Gedanken hatte, als für sie zu arbeiten und ihr zu helfen. [...] Ich hoffe, Sie werden mit mir einer Meinung sein, dass Frau Hennings der wichtigste Mensch ist, den wir alle kennen. Und so bitte ich Sie, zu verstehen und den Gedanken an diese Frau, die zu *mir* gehört, aufzugeben.«[9]

Der Inhalt des Briefes, trotz des hölzernen Stils, ähnelt auffällig dem Schreiben Balls an Johannes R. Becher, Emmys Geliebten von 1914, als dieser energisch aufgefordert wurde, Emmy in Zukunft in Ruhe zu lassen. Doch der Spanier geht nicht auf die ungeschickt vorgetragenen Forderungen des Rivalen ein, zumal Emmy das Zusammensein durchaus genießt.

Deshalb fährt der hochgradig erregte Ball nach Zürich und versucht, dem Paar aufzulauern. Was folgt, klingt wie aus einem billigen Groschenroman, wenn der gemeinsame Freund Hans Richter[10] in seinen Erinnerungen schreibt: »Ball verfolgte die beiden mit einem Revolver in der Tasche (so sagte Emmy), und die beiden Liebenden verbargen sich in meiner Wohnung, wo sie mit knapper Not Ball entkamen. Da Emmy ihre Entscheidung nicht selber treffen konnte, kamen Tzara und ich zusammen … und bewogen Emmy schließlich, zu ihrem trauernden Ritter Hugo zurückzukehren.«[11]

Emmy fällt eine Entscheidung sehr schwer, sie ist hilflos und fühlt sich zerrissen zwischen beiden Männern, dem geistreichen, temperamentvollen Spanier und dem fürsorglichen, schwerfälligen Ball. Ball hat wahrscheinlich dem Rivalen, um seinen Forderungen Nachdruck zu verleihen, von Emmys Vergangenheit als Prostituierte und Häftling erzählt. Kam es deshalb zum Abschied von del Vayo? Es ist zu vermuten. Sie ist unglücklich und ›weiß nicht ein noch aus‹, dass sie sogar aus dem Leben scheiden will, wie sie in einem Abschiedsbrief an Hans Richter schreibt.

Nach wochenlangem Ringen und dem Drängen von Hugo: »Darfst mir nicht untreu werden, gell nein? Wir haben heillos Angst und Respekt davor. […] Wir gehören ja doch zusammen«[12], entscheidet sie sich gegen den Spanier.

Aber auch für Hugo? Sie kehrt jedenfalls nicht zu Ball zurück, sondern fährt Mitte März 1918 ins Tessin, um wieder für sich allein zu sein. Emmy hat schon seit Oktober während der ganzen Affäre gekränkelt und die Trennung von del Vayo hinterlässt bei ihr tiefe Spuren, der Körper reagiert mit einer Kopfhautentzündung und rasenden Kopfschmerzen. Claire Goll beobachtet, dass die Freundin ihre Lebensfreude verloren hat. Das Vertrauen ist schwer beschädigt, auch Hugo fühlt sich verletzt und macht ihr Vorwürfe. Darauf entgegnet

Emmy sehr emotional: »Dein Brief tut mir grenzenlos weh, dass ich am liebsten sterben möchte. [...] Und diese Anspielung auf Zürich tut mir furchtbar weh, dass ich Dir's gar nicht beschreiben will.« Und später: »Ich bin so traurig, Du hast die Sache mit Vayo nicht vergessen, während ich schreibend über alles hinweggleite«.[13]

Mit dem Frühling 1918 im Tessin erlebt Emmy ›ein wundervolles Gehirnauftauen‹ und es reifen in ihr Pläne für ein Drama und eine Erzählung. Auch körperlich erholt sie sich: Wog sie Ende 1917 nur noch 85 Pfund, ist sie im Mai ›kräftig frei und frisch geworden‹, wie ein Freund berichtet. Im April erhält sie die gute Nachricht, dass ihr Roman »Gefängnis« von einem Verlag zur Veröffentlichung angenommen worden sei und 1919 erscheinen wird. Sie fasst wieder Lebensmut. Übermütig träumt sie sogar davon, ein ›Haus zu bauen‹ und ›Gemüse anzubauen‹ und ein ›bedeutendes Buch‹ zu schreiben.

Da Emmy nicht nach Bern ziehen will, ist Ball wieder auf Briefe angewiesen: »Schreib mir, mein Putz-Schnutz, große liebe lange Briefe. Steffgen [d. i. Hugo Ball, d. Verf.] braucht das wies liebe Brot. Und noch mehr.«[14] Zu Hugos Klage über ausbleibende Briefe merkt Emmy an: »Wenn ich nicht täglich schrieb, war er unglücklich. [...] Dass sein Wohlbefinden so sehr davon abhängig war, ob ich ihm täglich schrieb oder nicht, mag, abgesehen von seiner zärtlichen Neigung zu mir, seine große Einsamkeit illustrieren.«[15]

Zugleich versucht Hugo unendlich liebevoll, Emmy aufzubauen und sie bei ihren Projekten zu ermutigen. Er bietet an, ihre Manuskripte zu lesen, sorgt sich um ihre Gesundheit, schreibt aber auch von seinem Hunger, seinen vergeblichen Versuchen, das Bakunin-Brevier zu veröffentlichen, und dem Bemühen, Geld aufzutreiben.

Ende März findet bei der unsteten Emmy eine Rückbesinnung statt: »Lasker [d. i. Else Lasker-Schüler, d. Verf.] ist glücklich, dass Du und ich und ich und Du wieder zusammen sind, [...] und [ich, d. Verf.] musste ... ihr sagen, dass wir zu tief verbunden seien, und es sei im Grunde lächerlich, von einer Trennung je gesprochen zu haben, als wenn man versuchen wolle, aus einem Meer zwei zu machen«.[16] Gröber kann man die Wirklichkeit wohl kaum beschönigen. Oder drückt Emmy mit diesen Worten nur ihren Wunsch aus, die Beziehungskrise zu überwinden und einen Neuanfang zu wagen?

Aber so weit ist es noch nicht. Beide bemühen sich um Annäherungen, er schenkt ihr zu Ostern einen kleinen Stoffeisbären, sie schickt ihm einen Strauß Blumen. Die zahlreichen Briefe zeigen eine stetige Zuwendung und wachsende Vertrautheit, wobei Pläne geschmiedet werden, wieder zusammenzuziehen. Als Hugo, von Selbstzweifeln geplagt, sich beklagt: »Ich fühle mich kleiner und erbärmlicher von Tag zu Tag«[17], bemüht sich Emmy, den Lebensgefährten aufzumuntern: »Und Du bist doch stark, Hugo, [...] ich muss sagen, ich bin ein bisschen verlegen, wenn Du schreibst, Du fühltest Dich klein u. so ...«[18]

Emmy besucht gelegentlich Hugo in Bern und er bittet sie, immer wieder zu kommen. Dabei beschreibt er ihr das zukünftige Zusammensein in den buntesten Farben: »Ich denke mir den Sommer so schön: wenn wir wieder zusammensitzen beim Kaffee und in der schönen Nacht und sprechen so intensiv und einsam, als wären nur wir beide auf der Welt. Dies schöne Glück, Emmylein, zwischen uns beiden, wir wollen es ganz empfinden. [...] Du hast mir den blauen Himmel geschenkt und den hellen Blumensee und Dich selbst. Und ich schenke Dir alle meine Unruhe und meine üble Steffgengenialität, die mich besessen hält und all meine schlimme Ungeduld, die mich zuschanden macht, und alle meine Waghalsigkeit, die mich vielleicht verderben kann. Dass Du zärtlich mich beschwichtigst und mir ein wenig Ruhe gibst und viel Liebe, die allein mich retten kann. Das soll unser kleines Bündnis sein.«[19]

Hugo zieht seine Liebste in seine Tagträume hinein, er malt ihr – trotz der aktuellen materiellen Misere, in der sie leben – eine glückliche Zukunft aus. Hugos Versprechen und Aussicht, gemeinsam im ›Paradies‹ zu leben und aneinander zu wachsen, klingt kitschig, aber wer kann auf Dauer in schwierigsten Verhältnissen leben, ohne die Hoffnung, dass irgendwann einmal alles gut werden wird?

Nach einem überraschenden Kurzbesuch zu Pfingsten in Bern schreibt Emmy von ihrer wachsenden Sehnsucht, wieder bei ihm zu sein: »Ich habe mich nicht getraut, Dir gleich zu sagen, daß ich mich nach Dir sehne. Wäre ich nur nicht bei Dir gewesen, aber es war so schön [...]. Ich verlange nach Dir zurück«.[20]

Nicht nur der Wunsch nach einer besseren Zukunft, sondern auch das gemeinsame Arbeiten hält die beiden zusammen. Intensiv wird sich ausgetauscht über die literarischen Projekte, an denen beide sitzen, wobei Emmy von drei Büchern berichtet, an denen sie gleichzeitig arbeitet. Ball bietet ihr an, die entstehenden Werke zu lesen, zu korrigieren und abzutippen. Dabei rät er ihr, direkt aus eigener Erfahrung zu schreiben und ihre Erlebnisse aus der Zeit als Wanderschauspielerin und Gelegenheitsprostituierte in einem Roman zu Papier zu bringen.

In den Briefen des Frühjahres 1918 wird deutlich, wie die literarische Zusammenarbeit des Schriftstellerpaares funktioniert.[21] Beide nehmen intensiv Anteil am Schreibprozess des anderen. Er bittet sie immer wieder, ihm ihre Arbeiten zu schicken, er kommentiert und korrigiert sie, gibt ihr Tipps, ermutigt und unterstützt sie, übt wohlmeinende Kritik und lässt sie gleichzeitig wissen, dass er von ihr viel lernen kann. Denn sie habe ›unendlich viel mehr zu geben‹ als die anderen, zudem sei sie ihm ›als Dichter weit überlegen‹ und er gehe aufrichtig ›in ihre Schule‹. Außerdem will er sich um die Veröffentlichung und um die Besprechungen kümmern. Er sendet ihr seine Arbeiten, da er Wert auf ihr Urteil legt. »Ich möchte so gerne, dass Du mein Buch liest, bevor ich es weggebe. Du allein kannst beurteilen, ob es gut oder nicht gut ist.«[22] Hugo ist bei dem ›Büchermachenspiel‹ nicht nur der Gebende und Emmy die Nehmende, ihr Verhältnis als Schriftsteller gestaltet sich frei von Rivalität. So dankt Emmy nach Abschluss ihres Buches ›Gefängnis‹ für Hugos Unterstützung: »Liebling, es ist doch so, und keine Übertreibung, wenn ich sage, dass doch das Buch fertig wurde durch Dich [...]. Also verdanke ich Dir alles und es wäre mehr angebracht, wenn ich Dir Glück wünsche zu Deiner Energie, die Du auch auf mich überträgst.«[23]

Trotz gelegentlicher Schwierigkeiten und Konflikte, die beim Zusammenleben ausgeprägter Persönlichkeiten entstehen, erstaunt dieses gleichberechtigte Arbeiten eines Schriftstellerpaares ohne Neid und Konkurrenz zu Beginn des 20. Jahrhunderts, was zu dieser Zeit bei Künstlern nicht alltäglich ist.

Hugo als politischer Journalist und Eheschließung

»Immer auf der Suche nach Ideen,
die Menschheit vom Übel zu erlösen,
fiel er [Ball, d. Verf.] von einem
Extrem ins andere.«[1]

Claire Goll

Ende Mai 1918 siedelt Emmy mit Annemarie endgültig von Ascona nach Bern über. In ihren Erinnerungen legt Emmy Wert darauf, dass das Paar nicht zusammenzieht, sondern in unterschiedlichen Wohnungen lebt. »Hugo war im Hause mir gegenüber einquartiert. Er arbeitete die ganze Nacht durch, füllte dann am Morgen aufs Neue den Ofen und kam mit dem brennenden Ofen über die Straße zu mir in mein weißes, sehr hübsch eingerichtetes Zimmerchen, wo wir miteinander frühstückten, und nachher las er mir seine Arbeit vor. An diese kleine Stunde in der Frühe erinnere ich mich sehr gerne.«[2]

Ende September wird Ball mit der literarischen Leitung des neu gegründeten ›Freien Verlags‹ beauftragt, dessen Aufgabe darin besteht, die ›Sammlung und Verbreitung demokratischer Ideen‹ zu fördern. Ball geht ganz in seinem politischen Journalismus auf und thematisiert wiederholt in Aufsätzen und in seinem Buch ›Zur Kritik der deutschen Intelligenz‹ die Kriegsschuldfrage. Dabei vertritt er vehement die These der Alleinschuld bzw. der Hauptschuld Deutschlands am Ersten Weltkrieg, wobei er in seinem Buch zu einem Rundumschlag gegen die deutsche Geistes- und Kulturgeschichte ausholt. Ball polemisiert gegen eine typisch deutsche Denktradition von Luther[3] über Kant[4] bis zu den deutschtümelnden Intellektuellen im Ersten Weltkrieg, die die ›deutsche Untertanenmentalität und Unmenschlichkeit kultiviert‹ habe. Anstelle der traditionellen Helden und Denker deutscher Geschichte verweist Ball auf verkannte Moralisten und Denker wie Thomas Müntzer, Franz von Baader oder Bakunin. Als Gegenentwurf sieht Ball, der zu dieser Zeit an Gott, an der Kirche und an der Gottheit Jesu zweifelt, ein anarchisches Christentum, das aus dem Geist des Evangeliums lebt und tätiges Mitleid und Menschenliebe übt. »Wir glauben nicht an die sichtbare Kirche, aber an eine unsichtbare, und wer in ihr kämpfen will, ist ihr Glied. Wir glauben an eine heilige, christliche Revolution und an die unio mystica der befreiten Welt.«[5]

Auch wenn Ball aus heutiger Sicht in seiner Streitschrift maßlos, vergröbernd, teilweise antisemitisch und polemisch argumentiert, muss man berücksichtigen, dass die Mehrheit der damaligen deutschen Gelehrten und Künstler das Blutvergießen auf den Schlachtfeldern glorifiziert und unterstützt.[6] Ball ist mit seiner kritischen Haltung ein Einzelgänger und wird in Deutschland als Vaterlandsverräter angesehen.

Emmy, die sich wenig für Politik interessiert, ist des ständigen Kriegsschuldthemas leid, macht ihrem Herzen Luft und es kommt zum Dissens zwischen beiden: »Wenn doch die ganze Politik der Teufel holen wollte, dann wollte ich froh sein [...]. Ich halte diese ewige Schuldfrage kaum mehr aus [...]. Wenn wir endlich einmal wieder harmlos leben könnten [...], nimm mir den Einwand nicht allzu übel, aber warum sollen ausgerechnet wir Deutschen alle Schuld auf uns nehmen? [...] Wir sind doch alle Mörder wider Willen und treten auch Ameisen tot«.[7]

Emmy ängstigt Hugos fanatischer Eifer, seine Neigung zum Schwarz-Weiß-Denken und die Unerbittlichkeit seiner Argumentation zu diesem Thema und sie versucht immer wieder, ihn zu mäßigen. Sie macht ihn auf die Folgen seiner harten Urteile aufmerksam, dass er von allen angegriffen wird, und klagt bei ihm ihren Wunsch nach einem friedlichen Leben ein, nach dem sie sich sehnt.

Statt über Kriegsschuldfragen zu schreiben, verfasst Emmy in Widerspruch zu Hugo einen Friedensaufruf und bittet Hugo, ihn in der Freien Zeitung zu veröffentlichen, was dieser als naiven Pazifismus heftig ablehnt. »Du bist ja ein Kind! Du willst Herrn von Hindenburg bekehren zur Menschenliebe? [...] Liebling, Du sollst von den Dingen schreiben, die Du erfahren hast, und nicht von denen, die Du nicht kennst.«[8] Hugo kanzelt hier seine Gefährtin ab mit der Überheblichkeit eines Intellektuellen und unterstellt ihr Ahnungslosigkeit und Unwissenheit. Wenn es um seine Überzeugungen geht, wird er zum ›schwierigen Federfuchser‹, er ist rechthaberisch und bestimmend, ohne das sonstige Einfühlungsvermögen. Dabei ist er selbst nur der politisch-philosophische Theoretiker, der sich nur schriftlich engagiert, sie aber will aktiv werden und politisch handeln.

Über seine abwertende Haltung ärgert sich Emmy, sie fühlt sich provoziert und verletzt, aber sie kämpft emotional und impulsiv um Anerkennung ihres Konzeptes: »Weißt Du, was Du bist? A ganz dummes Luder. [...] Hindenburg, den krieg ich auch noch weich, pass mal auf. [...] Und Du bist ja mit nichts einverstanden«.[9] Später, in ihren Erinnerungen, relativiert sie ihre Kritik an Hugo: »Es muss radikale Menschen geben, die furcht-, ja rücksichtslose Wahrheiten sagen, rücksichtslos besonders gegen die eigene Person.«[10] Die ›Kritik der deutschen Intelligenz‹ wird 1919 erscheinen, aber nur wenig Aufmerksamkeit erregen.

Die wichtigsten Freunde von Hugo und Emmy in Bern werden Ernst Bloch mit seiner Frau Elisabeth und Walter Benjamin. Ball und Bloch haben sich im November 1917 kennen gelernt, beide veröffentlichen Artikel in der Freien Zeitung. Aus der Bekanntschaft wächst eine enge Freundschaft[11], die auch die beiden Frauen mit einbezieht. Emmy fühlt sich besonders zu Blochs Frau und ihrer mystischen Religiosität hingezogen, denn sie ist eine der wenigen Frauen im Freundeskreis Emmys, die ihren Glauben offen lebt. Daher sucht Emmy immer wieder Kontakt zu ihr und ihren Ratschlag.

Um den Jahreswechsel 1918/19 erkrankt Emmy lebensgefährlich an der in Europa grassierenden ›Spanischen Krankheit‹, einer epidemischen Grippe, die tausende Todesopfer fordert. Über diese Krankheit schreibt Emmy in ihren Erinnerungen: »Im Januar [1919, d. Verf.] erkrankte ich an der Grippe. Eine doppelte Lungenentzündung kam hinzu. Mehrere Ärzte, die Ball in seiner Sorge zu Rate zog, zweifelten an meiner Genesung, und gerade an jenem Tage, da Hugos Buch, seine Kritik, soeben erschienen war, schien das Licht meines Lebens erlöschen zu wollen.«[12] Mehrere Tage steht ihr Leben auf der Kippe, worauf Hugo hilflos und ängstlich reagiert. Bereitwillig kümmert er sich um Annemarie, und als er Emmy zu ihrem Geburtstag am 17. Januar nicht besuchen darf, schickt er ihr sein neu erschienenes Buch, drei Winterrosen und Briefe ins Krankenhaus. In seiner Verzweiflung betet er mit einem Freund um ihre Gesundheit.

Im Angesicht des ungewissen Ausgangs der Krankheit hat Emmy einen sehr anrührenden Brief an Hugo geschrieben, in dem sie sagt, dass sie seine Frau sein wolle. Diesen Brief, den Emmy 1927 ihrem Mann mit in den Sarg legt, hat Hugo zeitlebens aufgehoben. Leider ist er uns nicht erhalten, da es keine Abschrift davon gibt. Mit der Emphase eines romantischen

Verlobungsbriefs antwortet Hugo auf das Schreiben der Gefährtin: »Liebste, heute bist Du meine Braut geworden. [...] Du hast mir so ängstlich gesagt, dass Du meine Frau sein willst. Ich wusste es längst, dass Du es willst. [...] Du bist mir alles. Ich kann nicht denken, ohne Dich zu denken. [...] Du musst viel Geduld mit mir haben. Ich bin so langsam. Aber ich folge Dir, wohin Du willst. [...] Gib mir Raum, Liebste, lass mich wachsen und nicht verkümmern neben Dir. [...] Ich werde Dir treu bleiben, immer. Du wirst mich finden immer in Deiner Nähe. Immer in Deinem Herzen will ich sein.«[13] 30 Jahre später bezeichnet Emmy in ihren Lebenserinnerungen ›Ruf und Echo‹ den Satz, ›immer in deinem Herzen will ich sein‹, als Bannspruch, dem sie erlag.

Emmy überwindet die Krankheit und sie verschieben den Hochzeitsplan. Bald darauf hat sie der Alltag wieder, über den Ball häufiger in seinem Tagebuch berichtet: »Bei Emmy, müde und abgespannt, auf dem Liegestuhl. Es ist schön, langsam einzuschlafen, während sie ihren kleinen Arbeiten nachgeht. Sie gibt mir eine Zigarette in den Mund, die sie bereits angezündet hat. [...] Sie deckt mich, da es kalt durch die Türspalte hereinzieht, mit ihrem braunen Manchestermantel zu und bäckt Pfannkuchen. Das ist sehr schön.«[14] Hugo hat den Blick für Kleinigkeiten, die das Zusammenleben ausmachen, und genießt die Gemeinsamkeit. »Die Abende verbringe ich jetzt gewöhnlich mit Emmy in ihrem Marzili-Stübchen. Sie erzählt oder liest mit mir dann aus der Franziskus-Biografie des Thomas a Celano, aus Thomas a Kempis oder aus Anna Katharina. Sie gibt sich so viel Mühe mit mir.«[15]

Nicht zu unterschätzen ist Emmys Einfluss auf Hugos Konversion. Liebevoll, aber bestimmt, führt sie Hugo in die spirituelle Welt des Katholizismus ein. Emmy nimmt tatkräftig seine religiöse Bildung in die Hand, indem sie die Klassiker der spirituellen Literatur mit ihm liest. Sie ist die Lehrende, er der Schüler.

Nachdem Annemarie in eine Klosterschule in Lugano untergebracht ist, reist Hugo Mitte März 1919 in politischer Mission nach Deutschland. Seine erste Station ist München, wo Ball inmitten der Machtkämpfe zwischen Anhängern des Rätesystems und des pluralistischen Parlamentarismus politische Kontakte knüpfen will.[16] Über Berlin, Frankfurt, Mannheim, wo er einen Vortrag hält, und Pirmasens, um die Eltern zu besuchen, kehrt er nach Bern zurück. Bereits Ende April reist Hugo in geschäftlichem Auftrag wieder nach Berlin, um für den Freien Verlag zu werben und den Verleger seiner Bücher und von Emmys Romanen zu treffen.

Bei seinen Fahrten ins unruhige Vaterland bangt Emmy um sein Leben und ist sehr glücklich, als Hugo Ende Mai 1919 wohlbehalten nach Bern zurückkehrt. »Täglich kamen Briefe ins Haus, in denen man ihm mitteilte, man würde ihn sofort töten, sobald er sich in Deutschland blicken lassen würde, und ich mag gestehen, dass ich gezittert und gebebt habe, als er um diese Zeit nach Berlin und München fuhr.«[17]

Ball fühlt sich ›vereinsamt, traurig und sogar verzweifelt‹. Wie angespannt die Lage ist, zeigt sich darin, dass Ball vor der Reise eine Art Testament verfasst und Emmy als Rechtsnachfolgerin für seine Autorenrechte einsetzt.

Nach den Reisen zieht Hugo eine bittere Bilanz seines Tuns: »Ich bin gründlich geheilt, von der Politik nun auch, nachdem ich den Ästhetizismus bereits früher abgelegt hatte.«[18] Er, der politische Einzelgänger, muss erkennen, dass er als einsamer Rufer in der Wüste in seinem Vaterland kein Gehör findet. Desillusioniert stellt Ball fest, dass Deutschland 1919/20 in blutige Aufstände versinkt, statt sich demokratisch zu erneuern, und er keinen trifft, mit dem er sich offen austauschen kann. Auch befindet sich die Freie Zeitung in der Krise, die Auflage geht zurück und sie findet in Deutschland kaum Gehör.

Gleichzeitig gibt es Probleme mit dem Aufenthalt in der Schweiz. Die Züricher Behörden beraten über einen Ausweisungsantrag, auf Ball wird sogar ein Detektiv angesetzt wegen des Verdachts der Propagierung ›revolutionärer Ideen‹. Exilanten sind in der Schweiz nicht mehr erwünscht. So flüchtet Ball von Juli bis Anfang August ins Tessin, um einer Ausweisung zuvorzukommen, die aber die Berner Behörden nicht weiter verfolgen. Zurück in Bern, stellt er nicht nur fest, dass ihn die Politik nicht mehr interessiert, beim Durchblättern von Gedichten junger Dichter wird ihm auch bewusst, dass er ›den Dichter in sich nahezu getötet habe‹. Trotz dieser Einstellung wird Ball weiterhin Lyrik von beachtenswerter Qualität verfassen.

Gescheiterter Neuanfang in Flensburg – Hugo auf dem Weg zu Gott

»›Es lebe der Kommunismus und die katholische Kirche!‹ Das beschäftigt mich sehr. Deutschland braucht ein moralisches Gehör«.[1] Hugo Ball

Während Emmy eifrig an ihrem Manuskript ›Brandmal‹ schreibt, spürt Hugo, dass er sich neu orientieren muss. Sowohl der politische Journalismus als auch seine Dichterlaufbahn sind ihm fraglich. Wie soll es mit ihm beruflich weitergehen, wie kann er Geld verdienen? Zugleich treten Meinungsverschiedenheiten mit Emmy auf. Sie sehnt sich zurück nach Deutschland, was er nach seinen Reisen dorthin und dem erlebten Elend ablehnt, zumal dort nationales Selbstmitleid, Schuldzuweisungen und rechtsradikaler Terror herrschen. Seinem Tagebuch vertraut er seine Bedrückung und Niedergeschlagenheit an und er spricht von ›Überdruss‹, ›Verzweiflung‹ und dass ihm ›so sterblich zumut‹ sei. Er spielt sogar mit dem Gedanken an Selbstmord. In dieser angespannten Lage zeigt Emmy ihren Lebenswillen und ihre Zuversicht in die gemeinsame Stärke: »Hier wird nicht gestorben«[2], verkündet sie resolut.

Während Hugo zerrissen ist, ob er sich weiter für den wirtschaftlich angeschlagenen Freien Verlag engagieren und ihn in Berlin weiterführen oder in Deutschland besser eine neue Zeitschrift gründen soll, nimmt Emmy das Heft in die Hand und drängt darauf, die Zelte in der Schweiz abzubrechen und nach Flensburg in ihr geerbtes Elternhaus zu ziehen.

Ermutigt durch die vielen positiven Besprechungen ihres ersten Romans ›Gefängnis‹, beendet sie im Februar 1920 ihren zweiten Roman ›Brandmal‹ und ordnet ihr Verhältnis zu Hugo neu, indem sie am 21. Februar 1920 mit ihm die Ehe eingeht. Dabei reflektiert Emmy sorgfältig ihre Entscheidung zugunsten einer Ehe in einem Brief an ihren Ehemann, in dem sie sich fragt, ob sie der Verantwortung gerecht werden kann: »Da spüre ich stark wie nie zuvor, dass das Liebhaben zweier Menschen eine ganz große Pflicht und Verantwortung bedeutet. Ich müsste ja ein Ausbund von Leichtigkeit sein, wenn ich mich nicht prüfen wollte, ob ich den Anforderungen, die Du an mich stellst, auch gewachsen bin.«[3]

Das klingt sehr rational, was für Emmy eigentlich untypisch ist, aber Ehe ist für sie nach einer gescheiterten Beziehung etwas Besonderes, sie nimmt die Ehe sehr ernst. 30 Jahre nach der Hochzeit beschwört sie noch einmal das Gefühl des Wagnisses, das sie damals empfand: »Es wäre für mich leichter, irgendwie bequemer gewesen, wenn ich nur Hugos Freundin geblieben wäre, aber unser beider Schicksal war eines geworden, und obwohl der eine Furcht vor dem Leben des anderen hatte – da man ja sehr fürchten kann, was man liebt –, waren wir entschlossen, es miteinander zu wagen.«[4] Für die freiheitsliebende Emmy ist es ein großer Einschnitt, auf ihre Unabhängigkeit und Ungebundenheit zu verzichten. Aber da alle Freunde und Bekannten die Schweiz verlassen haben, sucht sie für das Wagnis Deutschland die Sicherheit einer festen Beziehung. Sie will mit dem Verlassen der Schweiz auch ihr ganzes bisheriges Leben mit den Liebschaften und Kabarettauftritten hinter sich lassen, um in ihrer Heimat in bürgerlichen

Verhältnissen ein Leben als Hausfrau, Mutter, Ehefrau und Schriftstellerin zu führen.

In ihrem Leben gab es immer wieder Zeiten, wie z. B. 1913, als sie ›vor dem Bild der heiligen Familie von Häuslichkeit‹ träumte. Dieser Wunsch nach einem traditionellen Familienleben mit Vater, Mutter, Kind bricht immer wieder in ihr auf. Nachdem sie jahrelang in Künstlerkreisen außerhalb der bürgerlichen Gesellschaft gelebt hat, sucht sie nach einem Zugang zu dieser Welt, aus der sie als junge Frau ausgebrochen ist. Für diesen neuen Lebensabschnitt braucht sie eine feste Basis und einen festen Halt. Das Paar heiratet nur standesamtlich, selbst nach Balls Konversion kommt es nicht zur kirchlichen Trauung, da Emmy nach katholischem Kirchenrecht bereits durch ihre frühere Eheschließung verheiratet ist.

Als im März zudem noch die Freie Zeitung und später der Freie Verlag geschlossen werden, fällt für das Paar die einzige sichere Einnahmequelle fort, was den letzten Anstoß zur Ausreise gibt. Die Balls reisen ins Ungewisse, beruflich und in Bezug auf den weiteren Lebensweg: Sie voller Hoffnung – er skeptisch. In ihrer Autobiografie ›Ruf und Echo‹ beschreibt sie diese unterschiedliche Lebenseinstellung: »Mein Mann war schwerblütiger von Natur, sah besonders im Anfang unserer Ehe zum Voraus schwarz, wo noch gar kein Schwarz zu sehen war. Wenn er dann besorgt äußerte: ›Möchte nur wissen, wie wir im nächsten Vierteljahr den Zins zahlen werden‹, erwiderte ich: ›Ja, und wie wir das erst in zehn Jahren machen werden? Wenn ich nur wüsste, wie lange vorher man jammern muss.‹«[5] Hier blitzt Emmys Humor auf, der ihr oft über schwierige Situationen hinweghilft.

Genauso arm wie bei der Einreise fünf Jahre zuvor verlässt die junge Familie die friedliche Schweiz. An der ersten Station Heidelberg, dem einstigen Studienort Hugos, fallen den Heimkehrern die gedrückte Stimmung und die leidenden Menschen auf. Es folgt ein Besuch bei Hugos Eltern in Pirmasens. Wie würden die Eltern nach dem ersten misslungenen Treffen mit der Mutter 1915 in Basel und den vielen vorwurfsvollen Briefen den verlorenen Sohn und seine ungewöhnliche Ehefrau aufnehmen? Noch in den Erinnerungen spürt man die Anspannung, die über diesem ersten Treffen liegt. Alle nehmen sich zusammen und es wird eine friedliche Begegnung. In den Gesprächen bemüht sich das junge Ehepaar, ›möglichst alles sorgenfrei und klar hinzustellen‹. Ein typisches Verhalten von erwachsenen Kindern ihren besorgten Eltern gegenüber. Leider endet der Aufenthalt in Pirmasens mit einem Missklang: Emmy und Hugo geben im katholischen Gesellenhaus einen Vortragsabend mit Gedichten, wovon Emmy berichtet: »Ein Teil des Publikums [...] nahm uns freundlich auf, doch war eine Gruppe unter den Zuhörern, die [...] uns nach dem Vortrag auf der Straße mit Steinen bewarf [...]. Aber da wir uns spät am Abend von einem Kreis von Menschen umringt sahen und schon das Wort ›Landesverräter‹ gefallen war, kam ich urplötzlich auf den Einfall, ein paar mäßig große Steine aufzuheben. Vielleicht waren einige der Meinung, ich würde jetzt Steine zurückzuwerfen, aber ich begann nur kunstreich, [...] damit zu jonglieren«.[6] Emmys Verhalten entspannt die gefährliche Situation, aber Hugo ist von der Ablehnung und Gehässigkeit in seiner Heimatstadt tief getroffen, sodass er nur noch einmal 1923, kurz vor dem Tod der Mutter, Pirmasens besuchen wird.

Über Hamburg reist die kleine Familie Ende April 1920 nach Flensburg, der Geburtsstadt Emmys. Was bewegt das Paar, gerade in den Norden Deutschlands zu reisen? Die kulturellen Zentren Deutschlands sind wenig einladend, München ist für Hugo ›wie ein altes Panzerschiff, das in Reparatur gehört‹, und bei einem Aufenthalt in der deutschen Hauptstadt versucht er, ›möglichst rasch aus dem verfluchten Berlin wegzukommen‹.

Für Flensburg spricht, dass Emmy mit ihrer Schwester das Elternhaus in der Steinstraße 5 geerbt hat, sodass Aussicht besteht, in eine der vier Wohnungen einziehen zu können. Das bis heute erhalten gebliebene, einfache Wohnhaus liegt in der Neustadt, dem Arbeiter- und Industrieviertel von Flensburg, nahe der Ostsee. Offensichtlich haben die Balls den Besuch nicht vorbereitet, denn bei der Ankunft sind die Wohnungen von Arbeiterfamilien belegt, die sich weigern, auszuziehen. »Wir kamen in der Nachmittagsstunde an, hatten noch nicht zu Mittag gegessen, saßen auf der Treppe, die Koffer und Taschen auf verschiedenen Stufen placiert. [...] Ich kaufte dunkles Brot, geräucherten Fisch und eine Flasche Braunbier und eilte damit zu Hugo und Annemie [Kosename für ihre Tochter, d. Verf.], die auf der Treppe saßen. Wir rückten näher aneinander, Hugo in der Mitte. Er sah abgespannt und, wie mir vorkam, ein wenig enttäuscht aus.«[7]

Auch Emmy ist ›recht beklommen zumute‹, so hat sie sich ihre Ankunft in Flensburg nicht vorgestellt. Am ersten Abend kommen sie in der Laube im Garten notdürftig unter, dann ziehen sie unters Dach in Emmys ehemaliges Mädchenzimmer und nach einer Woche bekommen sie in der unteren Etage zwei zusätzliche Zimmer.

Während Emmy von den grünen Buchenwäldern und dem frischen Salzgeruch der Ostsee schwärmt, fühlt sich Hugo wie in einer ›fremdlichen Heimat‹ mit der weiten Landschaft und der unbekannten, plattdeutschen Sprache und versucht, sich ›in den wunderlichen Verhältnissen nun zurechtzufinden‹. Hugo widmet sich in seinem Stübchen unter dem Dach dem Nachdenken, Ordnen seiner Papiere, Lesen und Schreiben an dem fantastischen Roman ›Tenderenda‹, der keinen Verleger finden wird.

Emmy ist entschlossen, ihren Traum von Häuslichkeit zu verwirklichen. Sie nimmt ihre Aufgabe sehr ernst und will perfekt sein. In ihrem Nachlass finden sich Notizen, die zeigen, wie sie versucht, den Alltag einer Hausfrau zu bewältigen: Auf einem Papier notierte sie, was einzukaufen ist, auf einem anderen, was gewaschen werden muss. Auf weiteren Küchenzetteln schreibt sie den Speiseplan. Zugleich übt das traditionelle Rollenverständnis von Frau – Mann, dass sich die Frau dem Mann unterzuordnen habe, eine gewisse Anziehung auf sie aus. »Mir ist, als wäre die Frau ohne den Mann überhaupt kein rechter Mensch.«[8] Immer wieder kommt bei ihr die Sehnsucht hoch, nach der traditionellen Geschlechterrolle als gute Hausfrau und den Mann unterstützende Ehefrau leben zu wollen.

In den ersten Tagen in Flensburg versinkt sie oft in Erinnerungen, hat doch ihre Mutter ihr Zimmer unberührt gelassen. Teilweise ist sie so von Kindheitserlebnissen gefangen, dass sie sich besinnen muss, ob sie auch wirklich verheiratet sei. »Dann konnte ich in Hugos Zimmer eilen, nachsehen, ob er tatsächlich da sei […], gab ihm einen kleinen Streifkuß und machte mich wieder davon.«[9]

Emmy ist sehr beschäftigt mit ihrer Rolle als Hausfrau und Mutter, was sie anfangs genießt: In einem Zimmer baut sie wieder einen Altar mit Kerzen und einem Herz-Jesu-Bild auf, nachmittags geht sie mit ihrer Tochter, die wieder die Schule besucht, baden oder zu Andachten in die katholische Kirche. Das Geld wird wieder knapp. Zwischendurch führt sie Tagebuch und sucht, sich zu ergründen. Sie hinterfragt ihr Leben und beschreibt ihre Prostitution, Gefängniszeiten und Drogenabhängigkeit als ›inneres Gefängnis‹ und erhebt bittere Selbstvorwürfe, ein solches Leben geführt zu haben. Wie schon zur Zeit ihrer Konversion 1911 und in ihren Romanen beklagt sie ihre Gottesferne und ihre Verfehlungen, will Buße tun, zur Messe und zur Beichte gehen. Sie schwankt zwischen Selbstvorwürfen und Gottessehnsucht und leidet unter ihrer inneren Zerrissenheit und dem Anspruch, eine gute Katholikin zu sein. »Ich bin nur Sünde und Sehnsucht. Sonst nichts. Was in mir ist, möchte ich wegwerfen, ignorieren, verbrennen, verfliegen sehen. [...] Ich bin nicht wert, geliebt zu werden.«[10] In ihrer Orientierungslosigkeit hinterfragt sie die eigene Existenz und sehnt sich zugleich nach der Sicherheit des Glaubens. Trotz dieser inneren Zerrissenheit tut ihr das Leben in der Steinstraße körperlich gut. Nach den langen Jahren der Erschöpfung und des ständigen Kränkelns durch Überanstrengung, unstetes Leben und Drogenkonsum fühlt sie sich erstmals wieder gesund. Sie hat endlich ihre Drogenabhängigkeit überwunden.

Ball beendet Mitte Juli den Roman ›Tenderenda‹, der damit schließt, dass der Titelheld die Wortspiele leid ist und sich nach Frieden und Stille sehnt. Es ist die Stille, in der Ball in seinem Flensburger Zimmerchen seine Situation reflektiert und in sein Tagebuch schreibt: »So fand ich doch niemanden mehr, mit dem ich mich offen und menschlich hätte verständigen können. Was meine eigene Gesinnung betrifft, so überhole ich sie rascher, als ich sie aufzeichnen könnte, und dies allein scheint mir auf rasche und tiefe Veränderungen auch in der Umwelt zu deuten.«[11] Nicht nur Emmy vollzieht 1920 eine Wende, auch bei Hugo kommt es zu einer tiefen Veränderung. Neuorientierungen und Kehrtwendungen prägen Balls gesamten Werdegang: In rascher Folge ist er Theatermacher, Dada-Gründer, Anarchist und politischer Publizist. Nach der Enttäuschung über die politische Entwicklung Deutschlands wendet sich Ball nun dem Katholizismus zu. Er ist 1912 aus der Kirche ausgetreten und besaß nur noch ›rudimentäre Reste seines Kinderglaubens‹. Sein Freund Huelsenbeck beschreibt seine damalige Religiosität: »In der Zeit, als ich Ball kennen lernte, war er nichts weniger als religiös und sprach nie vom Katholizismus. Ball war damals, wie wir alle, ein Aufklärer, ein Liberaler«.[12]

Was sind die Motive für seine Rückkehr zur Kirche? Bei Ball gibt es einen Entwicklungsprozess. Bereits seit 1915 finden sich in Balls Aufzeichnungen immer wieder Hinweise auf seine Beschäftigung mit dem Glauben und seine Annäherung an den Katholizismus. Aus diesem Grund ist es berechtigt, wenn Emmy eines ihrer Erinnerungsbücher ›Hugo Balls Weg zu Gott‹ betitelt.[13]

Neben der intellektuellen Auseinandersetzung mit dem Katholizismus macht er 1915 spirituelle Erfahrungen wie bei seinem Dada-Auftritt als ›magischer Bischof‹, wo er in seine verschüttete katholische Kindheit eintaucht und religiöse Empfindungen wachgerufen werden, die er anfangs schwer einordnen kann. Eine ähnliche Erfahrung beschreibt Ball nochmals am 7. Dezember 1919: »Heute Abend sang ich das Credo unvermittelt, wie es mir immer wieder in diesen letzten Wochen durch den Sinn geht. Credo in unum deum [...]. Die Worte berauschen mich. Die Kinderwelt steht auf. Es kämpft und tobt in mir. Ich beuge mich tief, ich fürchte, diesem Leben, diesem Überschwang nicht gewachsen zu sein. [...] Alle Vokale geben sich hier, in der Kirche, ein rauschendes, ewiges Stelldichein.«[14] Ball entdeckt inmitten der Vokalfolgen eine unerwartet auftauchende, religiöse Dimension und die Möglichkeit einer grundlegenden Glaubenserfahrung. Er erfährt erneut die religiöse Macht von magischen Silben. Später wird Ball im ›Byzantinischen Christentum‹ schreiben: »Die Sprache Gottes bedarf nicht der menschlichen Sprache, um sich verständlich zu machen. Unsere viel gepriesene Seelenkunde reicht nicht hierhin.«[15]

Er wird vom Unbewussten in Beschlag genommen, er spürt, dass es einer Veränderung der Persönlichkeit von innen bedarf. Mit Macht drängen erneut eigentätige, psychische Kräfte an die Oberfläche, die auf Veränderung der Persönlichkeit von innen zielen. Es ist ein Prozess des Suchens nach einem Weg, die eigentliche Bestimmung seines Selbst zu finden und eine anstehende Lebenswende zu vollziehen.

Zwar häufen sich am Ende der Galerie Dada die christlich-mystischen Eintragungen in seinem Tagebuch, aber trotz des religiösen Interesses ist Balls Standpunkt zu dieser Zeit dem Katholizismus gegenüber sehr kritisch, insbesondere gegenüber der Amtskirche. Während er zwischen 1916 und 1919 in Briefen, Essays und Büchern die Institution Kirche und das Papsttum heftig kritisiert, besucht er zugleich privat mit Emmy Gottesdienste und betet mit ihr. Als weiteren Beweggrund, zum Glauben zu finden, erwähnt Ball selbst in seinem Essay über ›Die religiöse Konversion‹[16] Erfahrungen ›schmerzlicher Art‹, wobei er ›Krieg mit seinen Trostlosigkeiten‹ und ›moralische und ökonomische Depression‹ nennt. Für Ball stillt der römisch-katholische Glauben ›das Bedürfnis nach geistiger Direktive‹ und ›nach einem sicheren Standort inmitten der Zusammenbrüche und der Konfusion‹. Hier dürfte Ball seine eigenen Erfahrungen angesprochen haben, was Emmy bestätigt, wenn sie an Ball beobachtet, dass er zu dieser Zeit ›heimlich an mancher Enttäuschung krankte‹.

Einen wesentlichen Einfluss übt auch Emmy auf seine Konversion aus, durch gemeinsame Lektüre von Mystikern und Heiligen, den Besuch von Gottesdiensten, Gesprächen über den Glauben und ihre Gebete vor dem Hausaltar. Durch das Zusammenleben öffnet er sich für ihre religiöse Welt. Auch Balls Freunde bestätigen, wenn auch eher missbilligend, »dass Hugo stark unter dem Einfluss dieser Frau stand«[17] und dass sie es war, die ›Hugo Balls Weg zu Gott‹ bestimmte.

Emmy selbst beschreibt seine Rückkehr zum Glauben in allen drei Erinnerungsbüchern. Es ist keine blitzartige Umkehr, sondern sie stellt Veränderungen bei Hugo, besonders nach einem Vortrag am 1. Juli 1920 in Hamburg, fest, wo er die Ursachen des Ersten Weltkrieges und die Gründe der deutschen Niederlage skizziert. Dabei fordert er die ›innere Umkehr‹ und die ›Wiederherstellung der Religion‹. »Es ist denkbar, dass der Vortrag in Hamburg, seine eigenen Worte Tiefen in ihm aufgewühlt, ein neue Quelle in ihm freigemacht hatten«[18], konstatiert Emmy später. Dieses Referat bezeichnet zumindest einen Einschnitt in Balls Denken, er kehrt sich endgültig ab vom politischen Publizisten.

Aber es folgt in Flensburg keine Generalbeichte, keine gemeinsame Kommunion und Eingliederung in die Kirche, wie es Emmy in ihren Erinnerungen behauptet, dies geschieht erst 1922 in München. Aber es passt gut in den Rahmen ihrer Bekehrungsgeschichte und ihres Bekenntnisses zur Kirche. Im Rückblick, aus der Perspektive der späten Jahre, wird Hugos Konversion verklärt und neu gedeutet. Richtig ist hingegen, dass Hugo sich seit Hamburg verstärkt dem Glauben zuwendet und in seinem Tagebuch notiert: »Nun suche ich zurück zur Kirche und ein Leben voller Verfehlungen liegt dazwischen.«[19]

Zurück in der Schweiz: Hugos Beschäftigung mit dem Katholizismus

»Die Enttäuschungen der Revolutionsjahre, von denen ich mir eine Wiedergeburt Deutschlands versprochen hatte, ließen mich [...] in die Schweiz zurückkehren«.[1]

Hugo Ball

In den Sommermonaten 1920 wird dem Künstlerpaar klar, dass Flensburg zu wenig Kultur, Bibliotheken, literarische Kontakte und Austausch mit Gleichgesinnten bietet, um arbeiten zu können. Es fühlt sich abgeschnitten und in Deutschland nicht mehr zu Hause. Anders als die Emigranten Leonhard Frank, Else Lasker-Schüler, Hans Richter oder René Schickele finden sich Emmy und Hugo in Deutschland nicht wieder zurecht. Sie können keinen Anschluss mehr herstellen an literarische und politische Kreise.

Als Emmy in einem Brief der Freundin Olly Jaques, die im Tessin lebt, von ihrer Lage berichtet, bietet diese an, für sie eine Wohnung zu suchen. Sie wünschen sich Sonne, Einsamkeit zum Arbeiten und ein preisgünstiges Leben. Rasch ist der Entschluss gefasst, wieder ins Tessin überzusiedeln, wo es für Studien in Lugano eine Bibliothek gibt und Zürich mit dem Zug schnell zu erreichen ist. Sie entscheiden sich, das Flensburger Elternhaus gemeinsam mit Emmys Schwester Paula zu verkaufen, und im Juni 1921 erhält Emmy 7.500 Reichsmark aus dem Erlös. »Von einigen Möbeln und Geräten aber, die mir seit frühester Kindheit vertraut und lieb waren, wollten wir uns nicht trennen. Wie packten alle unsere Sachen, schickten sie aufs Gratewohl nach Lugano, dahin auch wir uns begaben. Einige Tage waren wir bei einer Freundin in Muzzano zu Gast und von hier aus suchten wir uns ein neues Heim.«[2]

Auf einer Wanderung durch das Tessin entdeckt das Paar das Dorf Agnuzzo am Luganer See, das ihnen auf Anhieb paradiesisch erscheint, wie Hugo ausführt. »Wir wohnen jetzt im kleinsten und friedlichsten Tessiner Dörfchen, das man sich denken kann. Der Postbote, [...] der einen alten ländlichen Palazzo verwaltet, stieß die seit Jahren nicht geöffneten Fensterläden auf, und Spinnen und Motten stoben hinaus in die Sommerluft. Über dem See liegt ein Garten und zu dem Garten führt eine breite Glyzinientreppe. Wir haben Schwalben, gemalt an der Decke [...]. Der Blick reicht über das grüne Wasser, in dem sich die Birken spiegeln, bis weit hinüber [...] zur italienischen Grenze.«[3] In dem kleinen Rokokopalais leben sie von 1920 bis 1924 mit Unterbrechungen fernab vom großstädtischen Getriebe. Es fällt auf, dass auch Emmy Gefallen an der ländlichen Zurückgezogenheit findet, denn es ist der Raum, der Selbstbesinnung und Selbstreflexion möglich macht.

Beide stehen vor einem Neubeginn ihres Lebens: Emmy will ein Leben ohne Affären und Bühnenauftritte führen, aber nicht, um die brave Hausfrau zu spielen, wie während der kurzen Zeit in Flensburg, sondern um sich verstärkt dem Schreiben zu widmen. Ihr Roman ›Brandmal‹ kommt in dieser Zeit in den Buchhandel und wird in der Presse in vielen Besprechungen positiv aufgenommen. Emmy ist Ende 1920 als Schriftstellerin erfolgreicher als Hugo und wird in der Öffentlichkeit als Romanautorin endlich wahrgenommen.

Ball beginnt ›über das eigene Leben nachzudenken‹, wie Emmy in ihren Erinnerungen ausführt, und auch sie selbst re-

Hugo Ball und Emmy Hennings auf der Glyzinientreppe,
Agnuzzo 1921/22

flektiert in Gedichten ihre bisherige Lebensgeschichte. Beide müssen sich neu erfinden, da das Leben so wie bisher nicht weitergehen kann. Anregung erhalten sie durch Bücher, die Hugo aus der Luganer Kantonsbibliothek ausleiht. Dabei sind die ›Acta Sanctorum‹, eine mehrbändige Sammlung von Lebensläufen christlicher Heiliger, die Lieblingslektüre von Ball, wie Emmy berichtet: »Ich erinnere mich gern an jenen Tag, als die Acta Sanctorum ins Haus kam und wir mit dem gewaltig großen Buch auf den Granitstufen unserer Treppe saßen, vor uns der blühende Garten, in der Ferne der See und die Berge [...]. Hugo hielt das große Buch auf den Knien, das Kind und ich saßen ihm zur Seite. [...] Es war ein paradiesisches Bilderbuch, dem die Heiligen entstiegen, sodass wir sie oftmals ganz nahe, beinahe vor uns zu sehen glaubten«.[4]

Was Ball bei der Lektüre bewegt, notiert er in den folgenden Zeilen seines Tagebuchs: »Das Erste, was ich hier in Agnuzzo unternahm, war, dass ich mich in die Acta Sanctorum vertiefte und mich mit Heiligenleben umgab. Nun kann kommen, was da mag: Ich werde einen unverwirrbaren Standort haben.«[5] Angeregt durch die Geschichte der Heiligen, sucht er einen neuen Ausgangspunkt, um mit der Enttäuschung über die ausbleibende Erneuerung Deutschlands umgehen zu können. »In dieser unserer Dorfkapelle habe ich auch die Lösung der Schuldfrage gefunden. Mea culpa, mea maxima culpa. Nicht mehr ›Kritik des Gewissens‹, sondern Gewissenserforschung.«[6] Er möchte nicht mehr die Gesellschaft ändern, sondern er fragt nach der Möglichkeit, sich selbst und den Einzelnen zu ändern.

Ball wirft sich mit intellektuellem Heißhunger auf sein neues Interessengebiet: den Katholizismus. Das gemeinsame Interesse am Glauben verbindet das Ehepaar. Aber während Emmy sehr emotional in Gedichten und Notizen um ihre Glaubenssehnsucht kreist, vertieft sich Hugo mit Eifer in altchristliche Schriften und Lebensentwürfe, aber auch in Fragen der Psychoanalyse und der Seelenkunde. Er möchte seine fundamentale Abrechnung des deutschen Militarismus in ›Kritik der deutschen Intelligenz‹ ergänzen durch einen positiven Gegenentwurf, den er in den Heiligen verwirklicht sieht. 1919 hatte er bereits die utopische Idee einer ›Internationale der religiösen Intelligenz‹ entwickelt, die außerhalb von Staat und Kirche eine ›asketische, demütige, selbstlose und uneigennützige Elite‹ bildet. Es sind die Menschen, die keine Macht und keinen Besitz anstreben und daher unabhängig sind. Nun stößt Ball auf die Heiligen. Ihre Lebensform der Hingabe an Gott und Kirche sowie ihre Tugenden wie Opfer, Hingabe, Verzicht, Demut und Liebe sind die Werte, die Deutschlands Intelligenz brauche. Deshalb ist Ball so elektrisiert von der Lektüre der ›Acta Sanctorum‹. Notierte er 1915: »Nie sind alle meine Kräfte im Spiel, immer nur ein Teil. Ich bin Zuschauer, ich dilettiere nur. Wie wird einmal die Sache aussehen, bei der ich mit Leib und Seele beteiligt bin?«[7], so ahnt er im März 1921, dass ihm das aus den Heiligenlegenden entstehende Buch ›Byzantinisches Christentum‹ einen neuen Horizont eröffnen wird, bei dem er mit Leib und Seele engagiert sein kann: »Das Buch ist für mich ein Abenteuer, von dem ich nicht absehe, wohin es mich führt.« Er ist sich aber sicher, dass er »darin mit Früherem völlig breche, und eigentlich eine Konversion schreibe«[8].

Die für seine Studien notwendigen Bücher lässt er sich aus Bibliotheken schicken, um sie wochenlang zu exzerpieren, wobei Emmy ihm tatkräftig hilft. Geld zum Kauf von Büchern ist nicht vorhanden. Hugos Interessengebiet ist weit gesteckt. Ball wendet sich dem Bereich des Inneren zu in der Hoffnung, neue Erkenntnisse zu erlangen. »Ich muss wagen, mich mehr zu mir selbst bekennen. Alles bisher war Experiment. Versuch, den Umkreis abzutasten. Daher meine Unzufriedenheit bisher. Immer habe ich ängstlich vermieden, von mir selbst zu sprechen.«[9] Hugo ist davon überzeugt, dass eine Erneuerung der Gesellschaft nur aus dem Inneren des Einzelnen erfolgen kann und dass er bei sich anfangen muss.

Die Arbeitsmöglichkeiten in dem neuen Haus sind ideal, da es geräumig ist und jeder ungestört für sich arbeiten kann. Das Paar hat getrennte Arbeits- und Schlafzimmer und Hugo kann nachts bis zum frühen Morgen arbeiten. Auf einem Zettel, der die ausgelassene Stimmung jener Tage in Agnuzzo ihren Witz und ihre poetische Fantasie widerspiegelt, schreibt Emmy an ihren fleißig arbeitenden Ehemann: »Hochzuverehrender Herr Einsiedler, da ich mich des Mitleids mit Eurer strengen Lebensweise nicht erwehren kann, Ihr aber Eure Ehre und hohen Fleiß daransetzet, Euch der Enthaltsamkeit hinzugeben, so wage ich nur bescheidentlich, Euch ein Quäntlein Butter zum Brot anzubieten, da Früchte im Umkreis der Wüste nicht zu haben sind. Ich aber, Euer getreuer Diener, werde Euch Früchte in nächster Stadt morgigen Tages beschaffen. In Demut und Ergebenheit empfiehlt sich die Botin.«[10] Ball, der in seinen Tagebüchern selbst Kleinigkeiten notiert, berichtet vom beschaulichen Alltag samt Schrebergartenidylle des Paares. »Heute habe ich fast den ganzen Tag im Garten verbracht, die Tomaten gebunden, noch etliche 100 Körner grano turco (Mais) da und dort zwischen die Bohnen und Zwiebeln eingesteckt. Rosenkohl habe ich auch angepflanzt, Unkraut gejätet, Rhabarber abgeschnitten [...]. Emmy hatte Wäsche, nachher ging sie Heidelbeeren pflücken«.[11]

Oft erzählen sie sich ihre Träume und Hugo notiert viele davon in seinem Notizbuch. Sie sind auf der Reise in ihr Inneres. Ball notiert: »Mehr und mehr beginne ich, den Traum als einen Beistand und freundlichen Hinweis auf die Zustände und Anlagen meines Innenlebens aufzufassen. Dies ist mir die liebste Beschäftigung: in der Acta Sanctorum und in meinen Träumen lesen.«[12] Auch Emmy achtet zeitlebens auf ihre Träume. Es geht dem Paar um eine innere Wandlung und Umkehr zum Glauben, was beide eng verbindet. Ball sucht nach Erlösung und ist bestrebt, ein heiliges Leben zu führen. Konsequenz ist das gemeinsame Gebet des Paares. Ist es bei Hugo die Hinwendung zum Katholizismus, beschäftigt sich Emmy mit den Schattenseiten ihrer Existenz, die sie mit Selbstvorwürfen als inneres Gefängnis beklagt. Sie schreibt Gedichte, in denen sie in Traumbildern ihre Lebensgeschichte umkreist und versucht, ihre komplexe Persönlichkeit, unter der sie auch leidet, in Worte zu fassen: ihre Zerrissenheit und Unstetigkeit sowie ihre lebenslange Identitätssuche.

Eine schicksalhafte Begegnung mit Folgen: Hermann Hesse

»Er hatte ein sehr leises, feines Lächeln, das überaus anziehend und zugleich geheimnisvoll war.«[1]

Emmy Hennings

Das Paar sucht Anschluss in katholischen Kreisen in Lugano, da ihnen der Austausch mit Gleichgesinnten wichtig ist. Es entsteht ein kleiner Bekanntenkreis mit dem ehemaligen Rudolf-Steiner-Jünger Joseph Englert, dem Psychotherapeuten Joseph Bernhard Lang sowie den Schriftstellern Adolf Saager und Lisa Wenger. Bei Englert, mit dem sie über Träume und Astrologie sprechen, treffen sie am 2. Dezember 1920 erstmals Hermann Hesse, der kurz zuvor seine gemütskranke Frau und die Kinder verlassen hat. Auf die Frage Englerts, wie Hesse ihm gefallen habe, ›errötete Hugo wie ein Kind‹, berichtet Emmy später. Er fühlt sich ertappt. Sind es zarte homoerotische Neigungen?

Alle drei möchten sich bald wiedersehen. Zwei Tage später notiert Ball in sein Tagebuch über den ersten Besuch Hesses: »Es klingelte um die Mittagsstunde und hereintrat ein schmaler, jugendlich aussehender Mann, von scharfem Gesichtsschnitt und leidendem Wesen. Er überfliegt die Wände, dann schaut er uns lange in die Augen. Wir bieten einen Stuhl an, ich lege Feuer in den Kamin. So sitzen wir bald und plaudern, als seien wir gute Bekannte seit langer Zeit.«[2] Sie unterhalten sich über Zeitkritik, Katholizismus, Reformation, Buddhismus, Psychoanalyse, Astrologie und Traumdeutung. Erst kurz nach Mitternacht verabschiedet sich Hesse, um nach Hause, ins fünf Kilometer entfernte Bergdorf Montagnola, zurückzukehren.

Es entwickelt sich eine enge Freundschaft zwischen Hesse und Ball, in die auch Emmy einbezogen wird. Nicht nur Hugo, auch Emmy verliebt sich auf der Stelle in Hesse. Beide sind fasziniert von Hesse als Mann, aber die erotischen Neigungen und Empfindungen werden sie nicht ausleben. Emmy selbst fühlt sich vom asketisch wirkenden Hesse angezogen, was in ihren Briefen, die sie sich bis an ihr Lebensende immer wieder schreiben werden, zum Ausdruck kommt. Hesse ist beeindruckt von der quicklebendigen-exzentrischen Emmy, deren Charme, Emotionalität und ›Vielfachheiten‹ ihn faszinieren, wobei er sie aber immer auf Abstand hält.

Im Rückblick, nach dem Tode Hugos, notiert Hesse über die Freundschaft mit Ball: »Bei aller unendlichen Verschiedenheit unserer Naturen, unserer Herkünfte, unserer Ziele waren zwei wichtige Dinge uns beiden gemeinsam: die Herkunft aus dem Religiösen und [...] wir beide erlebten im Krieg den sichtbaren Zusammenbruch, die verzweifelte Explosion eines europäischen Geistes- und Seelenzustandes, und wir erlebten diesen Zusammenbruch beide ganz ähnlich: nicht bloß als Erschüttertsein von all dem Mord und all der Not, sondern als Aufruf an das eigene Gewissen. Nicht die Welt anzuklagen, nicht Forderungen nach außen aufzustellen, sondern mit der Änderung im eigenen Herzen zu beginnen«.[3]

Ball und Hesse diskutieren oft nächtelang über spirituelle Themen, während Emmy zurückhaltend bleibt. Es geht um sehr Persönliches, um eigene Erfahrungen, Hoffnungen und Ängste. Im Gespräch mit Hesse entwickelt Ball einen Gedanken, der ihn fortan bis zu seinem Tod begleiten wird: »Gestern Abend im Gespräch mit Hesse ging mir das Wesen des Johannes Klimax auf. Es ist klar, dass die Leute schon damals um die

Psychoanalyse wussten. Sie hatten nur einen anderen Namen dafür. Die Therapeuten [...] waren offenbar Analytiker. Nur deuteten sie anders und ihre Therapie war begriffen im Exorzismus.«[4] Zeittypisch ist Balls Faszination der Psychoanalyse, der Einbruch des Unterbewussten in sein Denken.

Bei der Beschäftigung mit den Wüstenheiligen und dem Exorzismus ereignen sich im Hause Ball plötzlich übernatürliche Phänomene, die Emmy wie folgt beschreibt: Ball »glaubte ähnliche Schläge zu empfangen wie der Wüstenheilige, da er mit den Dämonen stritt [...]. Die Anfechtungen wurden Hugo und auch mir und dem Kind so lästig, dass er die Arbeit abbrechen musste«.[5] Später, im Januar 1925 in Rom und im März 1926 in Vietri, erleben beide erneut ›einige Diabolismen‹ und fühlen sich durch unerklärlichen Lärm bedrängt.[6] Obwohl Hugo an die personale Existenz von Dämonen als Träger des Bösen glaubt, geht das Paar mit diesen Erlebnissen sehr diskret um. Hugo Ball notiert 1925 in seinem Tagebuch: »Ob man es wohl als Anmaßung bezeichnen kann, wenn einer angeblich diabolischen Anfechtungen ausgesetzt ist, diese zu erleiden hat? Ob man solche Angabe nicht auf eine Einbildung zurückführen kann? Es wird vielleicht gut sein, in der Folge darüber zu schweigen.«[7]

In den ersten Monaten ihrer Bekanntschaft streifen das Ehepaar Ball und Hermann Hesse zusammen durch die Berge am Luganer See und unternehmen Wanderungen und Ausflüge durch die Kastanienwälder, nehmen teil an Prozessionen, trinken zusammen Wein in den Tessiner Weinkellern, spielen Boccia oder baden im See. Während Emmy im Winter unter Erkältungen und Schmerzen leidet, fühlt sich Hugo in Agnuzzo ›jünger und gesünder denn je‹. Gemeinsam lesen sie Hesses Bücher und die deutschen Romantiker, die ihnen der

Schriftsteller ans Herz legt. Was Hesse an den Balls fasziniert, ist ihre Anspruchslosigkeit, Armut und mönchische Selbstgenügsamkeit. Im März 1921 notiert er in sein Tagebuch: »Gestern war ich wieder einmal bei Hugo Ball. Er und seine Frau sind bewundernswert tapfere Leute, sie leben in einer Armut und Primitivität, die geradezu klassisch ist, ohne je mit einem Wort zu klagen.«[8] Wenn der Dichter des Siddharta verreist ist, schreiben sie sich Briefe, wobei Emmy lange Berichte verfasst, in denen sie ihr Inneres offenlegt. Es entwickelt sich eine lebenslange, enge Freundschaft.

Für Hesse völlig überraschend siedeln Emmy und Hugo im Oktober 1921 nach München über. Als Grund für die schnelle Abreise nennt Hesse in einem Brief ›Not und Hunger‹. Obwohl Emmy im Juni 7500 Mark als Erlös aus dem Verkauf ihres Elternhauses erhalten hat und im Sommer noch die Miete bis März 1922 im Voraus bezahlt, befinden sich die Balls im September in finanziellen Schwierigkeiten. Das deutsche Geld ist in der Schweiz wenig wert und eine Bitte Balls beim Fabrikanten Charles Brown, einem Mitbegründer der Firma Brown & Boweri, um eine monatliche Unterstützung von 300 SFr. bleibt erfolglos.

Hugo Ball und Emmy Hennings, Agnuzzo 1921

Ein enttäuschender Aufenthalt in München 1921/1922

»Das Ich ablegen wie einen durchlöcherten Mantel. Was nicht aufrechtzuerhalten ist, muss man fallen lassen. Es gibt Menschen, die es absolut nicht vertragen, ihr Ich herzugeben. Sie wähnen, dass sie nur ein Exemplar davon haben.«[1]

Hugo Ball

Das erschwinglichere München, wo Hugo ein Jahrzehnt zuvor als erfolgreicher Regisseur und Autor tätig war und Emmy als anerkannte Sängerin auftrat, bietet sich als Anlaufpunkt in Deutschland an. Dort möchte Hugo Literaturrecherchen für sein Buch ›Byzantinisches Christentum‹ machen und nicht mehr vom mühseligen Leihverkehr mit den Bibliotheken in Basel, Zürich, Einsiedeln und St. Gallen abhängig sein. Sie wollen alte Freunde wiedertreffen und zugleich sich eine gesicherte Existenz aufbauen.

Träumt Emmy wieder von Auftritten in Künstlerlokalen? Durch den Verkauf ihrer Möbel haben sie Geld und finden eine erste Unterkunft in einem Hospiz mit einem Doppelzimmer. Die Enge dort macht es unmöglich, zu arbeiten. Beide brauchen ihren Platz und die räumliche Trennung wie im Haus in Agnuzzo, wo jeder sein eigenes Arbeitszimmer hatte. Die Künstlerexistenz der beiden verträgt nicht zu viel Nähe und Enge. Im Dezember findet das Paar endlich Einzelzimmer, sie in Schwabing, er im ländlichen Bogenhausen und alsbald stellt sich bei ihnen ›Arbeitsfieber und auch ein wenig Friede‹ ein.

Jeder lebt und arbeitet für sich: Hugo vergräbt sich in Studien in der Staatsbibliothek, schreibt Gedichte und sucht Kontakte zu Verlagen, Emmy überarbeitet ihre im Tessin entstandenen Gedichte, stellt sie zu dem Buch ›Helle Nacht‹ zusammen und schreibt an einem Prosaband. Sonntags trifft man sich zum Teetrinken bei Emmy mit der fünfzehnjährigen Tochter Annemarie, die eine Stelle als Kindermädchen gefunden hat.

Trotz der geregelten Arbeitsmöglichkeiten empfinden Hugo und Emmy ihren Aufenthalt in München als sehr bedrückend. Auf die als ausweglos empfundene Situation reagiert Emmy mit Krankheit: »Meine Frau hat noch immer ihre Erschöpfungszustände, die mit heftigen Rückenschmerzen beginnen und mit einer völligen Apathie enden«.[2] Während Hugo sich im Dezember erholt und ihm das Arbeiten in der Bibliothek ›sehr gut gefällt‹, leidet Emmy unter Depressionen. Wie häufig in ihrem Leben reagiert sie auf schwierige Lebenssituationen mit psychosomatischen Beschwerden wie Kopf- und Rückenschmerzen, Schlafstörungen, Verstimmungen und Panikattacken. Sie quält sich wieder mit Glaubenszweifeln, die sie als Orientierungs- und Haltlosigkeit erfährt, und hinterfragt ihre Existenz. Während Emmy nervlich am Ende ist und auf die trostlose Situation und das wechselhafte Klima Münchens mit Krankheit und emotionaler Verstimmung reagiert, beobachtet sie bei ihrem Ehemann Veränderungen an seiner Persönlichkeit. »Hugo hat sich zum Glück verändert, er ist viel froher wie einst, scheint mir, und das ist gut. Die Wissenschaft der Heiligen stimmt ihn so heiter.«[3]

Das Zusammenleben des Paares ist nicht konfliktfrei: Hugo reagiert im Laufe der Zeit wenig einfühlsam und ungeduldig auf Emmys depressiver Stimmungslage, die wochenlang anhält, und mag nicht andauernd ›Trostreden‹ halten. Es kommt zu Auseinandersetzungen, bei denen Hugo sie auffordert, nicht mehr vom Tessin zu reden und zu träumen. Emmy beklagt sich in einem Brief: »Der süße Tessin. Das ist immer noch ein Thema, das ich sorglich meiden muss [...] Hugo ist schon ganz streng geworden und sagt, er könne mir diese dauernde Sehnsucht nicht gestatten.«[4]

In Briefen und Träumen sehnt sie sich nach dem Licht, der Sonne und der Wärme des Südens. Wenigstens bei Hesse findet Emmy einen verständnisvollen Gesprächspartner, dem sie in Briefen ihr Herz ausschütten kann. Einem dieser Briefe legt sie folgende Gedichtzeilen bei: »Ich lebe im ... Vielleicht. / Bin eine stumme Frage / Und alles ist mir Sage, / Soweit Gedanke reicht.«[5]

Das Paar arbeitet fleißig: Im November liest Emmy neue Gedichte und Prosa bei einem Vortragsabend in einer Buchhandlung. Sie erntet großen Beifall und die Presse ist begeistert: »Wer es noch nicht wusste, der durfte bei dem Leseabend im Steinickesaal sich dem Eindruck nicht verschließen, dass Emmy Hennings zu den besten deutschen Erzählerinnen der Gegenwart gehört.«[6] Sie bemühen sich um Zugang zur Schwabinger Vorkriegs-Bohème und besuchen die Künstlerkneipe Simplicissimus, in der sie sich kennen gelernt haben. Von einem der seltenen Auftritte Emmys berichtet Klabund: »Wieder singt sie im Simpicissimus die kleinen Lieder der Vergangenheit. Aber sie klingen verstaubt, antiquiert, herzzerreißend vergangen.«[7] Emmy und Hugo finden keinen Anschluss mehr an die Münchener Künstlerkreise. Daran ändert auch nicht das Wiedersehen mit alten Freunden wie Johannes R. Becher, Mary Wigman, Klabund, Gabriele Münter und Leonard Frank. »Wir sind durch unseren langen Aufenthalt in der Schweiz den deutschen Verhältnissen doch sehr entfremdet und können vieles hier gar nicht verstehen«[8], konstatiert Hugo desillusioniert. Ihre Auffassung von Literatur widerspricht dem Nachkriegszeitgeist. Auch Balls Interessen haben sich gewandelt. Er bestätigt seine Rückkehr zur katholischen Kirche, indem er am 2. März 1922 die Generalbeichte ablegt und zur Kommunion geht. Er ist nun, 10 Jahre nach seinem Austritt, wieder Mitglied der katholischen Kirche.

Beispielhaft für das Unverständnis der Münchner Künstlerkreise spottet die Zeitschrift ›Simplizissimus‹ über Ball in launigen Versen: ›Selig sind die Konvertiten, / die am Kirchentor sich raufen. / Und es machen Jesuiten / Überstunden schon im Taufen.‹

Ebenfalls im März beendet Emmy ein Manuskript mit dem Titel ›Das ewige Lied‹. Hierin lässt eine an Typhus erkrankte Sängerin in einem Fiebermonolog ihr bisheriges Leben an sich vorbeiziehen, wobei sie Selbstvorwürfe und Sterbevisionen quälen. Da das Geld knapp ist, sucht Emmy eine bezahlte Anstellung und arbeitet gelegentlich in einer Wäscherei und als Häklerin. Hugo, in Deutschland als Autor in literarischen und theologischen Kreisen weitgehend unbekannt, schließt im Mai seine Arbeit ›Byzantinisches Christentum‹ ab und findet nach langem Suchen, heimlich unterstützt von Hesse, den Duncker & Humblot Verlag zur Veröffentlichung. Es ist ein schwieriges Werk über drei frühchristliche Heilige: Johannes Klimakus (um 640), Dionysius Areopagita (nach 500) und dem Säulensteher Symeon Stylites (um 450). Das Buch ist eine Art Predigt, die aus kommentierten Heiligenlegenden, theologiegeschichtlichen Überlegungen und einem Lob mönchischer Weltflucht besteht.

Obwohl Hesses zukünftiger Schwiegervater, Theo Wenger, auf Hesses Betreiben den Balls 10.000 Mark schickt, wird die finanzielle Lage durch die steigende Inflation immer bedrängender. Der Wunsch, eine feste Arbeit zu finden, die das Paar finanziell unabhängig macht, erfüllt sich trotz der erfolgreichen Veröffentlichung ihrer Manuskripte nicht.

Im Juli 1922 sieht Hugo ein, dass sie in München keine Zukunft mehr haben, und das Paar macht Pläne, in den Süden Italiens überzusiedeln. »Die Preise steigen von Tag zu Tag. Gleichwohl haben wir Reisepläne. [...] Wir wollen im Herbst nach Italien reisen. Nach Rom, wenn es möglich sein wird.«[9] Naiv klingt der Plan, den Hugo fasst, um die Reise, die zuerst in den Tessin führen soll, zu finanzieren: Sie wollen ›Verse und Prosa vom Mund weg verkaufen in den Sanatorien‹. In der Tat liest das Paar aus seinen Werken in badischen und schweizerischen Kurhäusern und Hotels. Ein längerer Aufenthalt in der Schweiz scheint für sie bei den geringen Mitteln, die sie haben, aber in unerreichbare Ferne gerückt.

Aufbruchsstimmung im Tessin

»Emmy hat mit mir gebetet
gegen meine Ermüdung.«[1]

Hugo Ball

Nach einer mehrwöchigen Lesereise kommt das Künstlerehepaar Mitte September 1922 ohne einen Rappen in der Tasche im Tessin an und triff Hesse bei bester Laune an. Er, der um die prekäre finanzielle Lage der Balls weiß und den Austausch mit Hugo und Emmy schmerzlich vermisst, hat in den letzten Monaten heimlich für das Paar finanzielle Unterstützung von Freunden und Bekannten organisiert. Sein Mäzen Hans C. Bodmer gibt 5.000 Franken und auch Theo Wenger sagt erneute Unterstützung zu. Schließlich findet sich für Hugo eine Stelle als Musiklehrer beim Fabrikanten Charles Brown, sodass der Unterhalt in der Schweiz für die nächsten Monate gesichert ist. Die Balls wohnen zunächst bei Hesse und nehmen ihre gemeinschaftlichen Wanderungen, Gespräche und Lesungen wieder auf. Das Paar kann schließlich in ihr ehemaliges Haus in Agnuzzo einziehen und feiert den Einzug mit einem kleinen Fest. »Wir haben unser kleines Dörfchen wieder, wir haben sogar einen Garten und eine warme Küche. Vorgestern ist nun auch Annemarie mit den Resten unseres Haushalts eingetroffen und so ist die kleine Familie wieder komplett beisammen. Das Schönste aber ist, dass es durch Sie, lieber Herr Hesse, und dass es so unerwartet gekommen ist.«[2]

Die Balls richten sich nun in ihrem Haus ein: Jeder hat wieder ein eigenes Arbeitszimmer. Emmy ist so erschöpft von der Lesereise, dass sie anfangs das Bett hüten muss. Einmal wöchentlich bis Februar 1924 geht Hugo nach Montagnola zur Fabrikantenfamilie Brown, um die Kompositionen des fünfjährigen Robin, einem musikalischen Wunderkind, Ton für Ton in Noten zu setzen. Emmy und Hugo verfolgen ihre literarischen Arbeiten, wobei er erstmals daran denkt, seine Tagebücher zu bearbeiten und zu veröffentlichen.

Das Verhältnis zu Hesse entwickelt sich zu einer emotional-aufgeladenen Dreier-Beziehung: Emmy ist von Hesse fasziniert. Doch Hesse wehrt ab. Hesse hingegen fühlt sich zu Ball hingezogen, dessen Nähe und Gespräch er immer wieder sucht und bei dem er sich verstanden und akzeptiert fühlt. »Die beiden Männer disputierten oft bis in die späte Nacht; sie konnten über ein interessantes literarisches Thema die Zeit völlig vergessen [...], das waren Stunden, deren Verlauf sich Hugo Ball jedesmal bis in die kleinsten Einzelheiten notierte.«[3] Im Tagebuch Balls sind 35 dieser Gespräche vom September 1922 bis Herbst 1924 dokumentiert.

Nach Jahren existenzieller Armut und häufigem Orts- und Wohnungswechsels kann das Künstlerpaar im Herbst 1922 endlich einmal hoffnungsfroh in die Zukunft blicken. Mit der finanziellen Unterstützung durch Mäzene und in Erwartung der Buchveröffentlichungen ist der Lebensunterhalt für die kommenden Monate gesichert. In den Notizen und Briefen des Frühjahrs 1923 findet sich etwas von der unbeschwerten Stimmung dieser Zeit: »Wir liegen an der Sonnenseite. Es wird ein wunderbarer Sommer werden. Wir werden die Sonne essen.«[4]

Ball findet Muße, gewissenhaft selbst kleine Begebenheiten wie die anfallende Arbeit im Garten, das Wachstum der Pflanzen oder das Treffen mit Freunden zu notieren. »Ich arbeite im Garten, jäte Unkraut, sammle die Äpfel, Feigen und Gurken ein. Welch ein Reichtum, jubelt Emmy. Es gefällt auch ihr. Ich turne auf dem Feigenbaum herum. Am Abend sortiere ich die Äpfel.«[5]

Das Paar kann in der südlichen Landschaft des Tessins fern der Großstadt erstmals wieder unbeschwert leben, Pläne machen und über zukünftige literarische Arbeiten nachdenken. Emmy überlegt, ein weiteres Buch über ihr Lebenstrauma ›Gefängnis‹ zu schreiben, und Hugo wendet sich seinen Tagebüchern zu. Gemeinsam bearbeiten sie die Korrekturen von Emmys ›Das ewige Lied‹ und lesen an den langen Winterabenden am Kamin aus den Romantikern, die ihnen Hesse geschenkt hat. Doch es gibt im Winter auch Probleme im alltäglichen Zusammenleben. In ihrem Haus ›sitzen sie aufeinander‹, sind abgelenkt und kommen nicht zum Arbeiten.

Allsonntäglich geht das Paar in die Dorfkirche zur Messe und im Februar 1923 plant Hugo, seine Tagebücher von 1913–23 zu veröffentlichen, um den ›Zusammenhang‹ seiner Bücher als Weg zurück zu Gott und zur Kirche zu erklären. In Gesprächen versucht Ball, Hesse mit dem Eifer eines Neu-Konvertiten zum Katholizismus zu bekehren, was zum Vorwurf führt, er sei ein ›Fanatiker, Inquisitor und Fundamentalist‹. Doch trotz dieser klaren Worte ziehen beide Gewinn aus den Diskussionen, Hesse erweitert sein Wissen über den Katholizismus und Ball seine Kenntnisse über die Gnosis.

Ende April erhält Hugo die Nachricht, dass seine Mutter schwer erkrankt sei, sodass er im Juli nach Pirmasens reist, um von seiner sterbenden Mutter Abschied zu nehmen. Auf der Rückreise fährt Ball über München, wo er Gespräche mit Carl Muth, dem Gründer und Schriftleiter der katholischen Kulturzeitschrift ›Hochland‹ über seine und Emmys Mitarbeit führt.

Emmys ›Weglaufsucht‹: Die Reise nach Italien 1923/24

»Bücher schreiben und sich ungewöhnlich lieb haben, das geht nicht recht zusammen ...«[1]

Emmy Hennings

Emmy wird im Oktober 1923 wieder einmal von ihrer ›Weglaufsucht‹ gepackt und begibt sich mit ihrer Tochter auf Reisen nach Italien, die nie richtig geplant werden, sondern aufs Geratewohl ins Ungewisse führen. In der Rückschau erinnert sich Emmy: »Den Winter 1923/24 verbrachte Hugo allein in Agnuzzo. Wir wollten einmal versuchen, unabhängig voneinander zu arbeiten. Hier muss ich freilich für mein klein Teil zugeben, dass ich in jener Zeit nicht allzu sehr ans Arbeiten gedacht habe, nicht immer restlos davon überzeugt war, dass die Arbeit die Hauptaufgabe oder das nahezu Wichtigste in unserem Leben ist. [...] Hugo, der meine Wanderlust sehr wohl kannte, gab mir Urlaub, zumal ich versicherte, ich fahre nur weg, um mich nach ihm zu sehnen. Mehr verlangte er nicht von mir. Es machte ihm ja auch Vergnügen, eine Weile allein zu wirtschaften«.[2] Grund für die Reise ist kein Streit, kein Auseinanderleben oder keine Ehekrise, sondern eine einvernehmliche Trennung auf Zeit, wovon beide profitieren wollen: Endlich wieder einmal kann Emmy ihrer Reiselust folgen, im sonnigen Süden überwintern, unabhängig sein, Neues entdecken und nebenbei Reiseberichte schreiben und am zweiten Gefängnisroman arbeiten. Sie sehnt sich wieder nach Freiheit und – laut Hugo: »Sie ist sehr glücklich ein wenig Freiheit zu gewinnen. Hier unten unter allen den reichen Leuten (und im Hause mit mir altem Brummbär) fühlte sie sich gar nicht mehr wohl.«[3]

Hugo, der Möchtegern-Einsiedler, sehnt sich hingegen nach Einsamkeit, um seinen religiösen und psychoanalytischen Studien und literarischen Arbeiten in Ruhe nachgehen zu können. Er arbeitet an der Rezension von Carl Schmitts ›Politischer Theologie‹, die aber erst im Juni 1924 in Hochland erscheinen wird. Da die finanziellen Ressourcen fast aufgebraucht sind, hofft Emmy, in Italien preiswerter leben zu können als in der teuren Schweiz. Es entwickelt sich zwischen Herbst 1923 und Frühjahr 1924 ein reger, oft humorvoller Briefverkehr der Eheleute: »Mein lieber Hugo, gern möchte ich ausführlich fragen, wie es Dir geht und wie Dir die Einsiedelei im großen Agnuzzo bekommt, und während ich mir den schiefen Turm von Pisa angesehen habe, habe ich gleichwohl an mein Steffgen gedacht, was wird er essen, was wird er trinken, womit wird er sich kleiden? [...] Nun also der Turm ist schief, so schief, dass mir schwach im Kopf davon wurde. [...] Wenn er nur nicht umfällt in meiner Gegenwart. Was würde das für ein Licht auf mich werfen? Es ist aber alles gut gegangen [...]. Ach, Steffgen, als wir uns am Morgen in Agno von Dir verabschiedeten und Du uns lange nachsahst, habe ich bitterlich weinen müssen, sodass man mich in der Bahn für eine halbe Witwe hielt.«[4]

Über Mailand, Genua, Pisa fahren Emmy und Annemarie nach Florenz. Es beginnt mit einer Enttäuschung, denn in Italien regnet es. Angesichts der knappen Reisekasse kommt Emmy in Mailand auf die verwegene Idee, zur Weiterreise ein preiswertes Tandem zu kaufen, und ist verstimmt, dass ihre ›bequeme‹ Tochter sich dagegen mit Händen und Füßen wehrt. In Genua ist sie, die Tochter eines Seemanns, vom Anblick des Meeres und der Schiffe so von Fernweh überwältigt, dass sie auf der Stelle mitfahren will.

Während Emmy in Italien herumreist, hat Hugo als Hausmann ›schrecklich viel zu tun‹, er kümmert sich um Hühner, Kaninchen, Katze, kocht Feigen ein und schreibt Aufsätze für Zeitschriften.

Kaum sind Mutter und Tochter in Florenz angekommen, gibt es Probleme: Annemarie hat Schwierigkeiten mit ihren Arbeitsstellen und Emmy erkrankt an Windpocken, sie muss häufig die Unterkunft wechseln und leidet unter ständigem Geldmangel. Eines Tages sogar fühlt sie sich verfolgt und von einem Unbekannten mit dem Tode bedroht. Von Mitbewohnern des Hauses, das sie bewohnt, wird ihr zudem vorgeworfen, sie bringe Unglück. Diese Anfeindungen treffen die labile Emmy ins Herz, sie kann sich kaum fassen und verlässt das Haus. In ihrem ganzen Leben kann sie nicht ›fünf Minuten‹ mit Menschen zusammen sein, die sie unerträglich findet, was sie dann auch ohne Diplomatie ausdrückt.

Zwei Nächte hat sie überhaupt keine Unterkunft. Die verzweifelte Emmy ist verstört und durcheinander, sie möchte nach diesem Erlebnis wieder ins Tessin zurückkehren. Es wird zwei Monate dauern, bis sich Emmy in Italien eingewöhnt hat und Sonne, Landschaft, Kinos und Espressobars genießen kann.

Der fürsorgliche Ehemann versucht inzwischen von Agnuzzo aus, ihr beizustehen und sie zu coachen. In langen, einfühlsamen Briefen erkundigt er sich nach ihrem Befinden und gibt vorsichtig Ratschläge, den Alltag besser zu bewältigen. Er redet ihr gut zu, möchte sie nicht verstimmen, dass sie nicht impulsiv ihren Aufenthalt abbricht. Er empfiehlt, die anstrengenden Gelegenheitsarbeiten, die sie aufgenommen hat, aufzugeben und sich ein beheiztes Zimmer und eine Schreibmaschine zu mieten, um sich endlich aufs Schreiben konzentrieren zu können.

Ein Zimmerangebot in einem Kloster lehnt sie ab, weil sie dort keine Zigaretten rauchen darf. In einer neuen Pension schließlich überwindet sie ihre Schreibblockade und bald übersendet sie Hugo ein fertiges Romanmanuskript, wobei sie beklagt, ›so ganz ohne Aussprache‹ arbeiten zu müssen. Auch Hugo vermisst Austausch und Gespräche, sie ermuntern und loben sich gegenseitig, denn auch Hugo schickt ihr seine Arbeiten – er hat fast 40 Gedichte verfasst – zur Ansicht. Dem Schriftstellerpaar ist der gegenseitige Gedankenaustausch wichtig, wobei sie ihre Manuskripte immer wertschätzen. Aber bei aller Anerkennung bittet Hugo doch um Kritik: »Du sagst, es ist schön, und schmeichelst mir. Aber Du sollst mich nicht loben, es ist nicht gut. Du sollst mir auf Treu und Lieb sagen, was schlecht ist und unpersönlich.«[5]

Es herrscht auch keine Rivalität bei der Verbreitung ihrer Bücher: Während sie Kontakte zu Verlegern und katholischen Kreisen in Italien aufnehmen will, um Hugos Werke bekannt zu machen, schlägt er vor, ihre eigenen Bücher vorzustellen, da sie leichter zu übersetzen seien.

Geld ist in Ehen ein beliebter Streitpunkt. So auch bei Emmy und Hugo. In jedem seiner Briefe spricht Hugo das Thema Geld an. Da Emmy oft leichtfertig mit Geld umgeht, befindet sie sich in ständiger finanzieller Not. Im Nachhinein gesteht sie: »Mein Mann war nun zwar der Ansicht, dass man mir mancherlei anvertrauen könne, aber bei Geld sei entschieden Vorsicht geboten.«[6] Daher überweist er ihr immer nur kleine Geldbeträge, was sie gelegentlich zum Widerspruch reizt. Aber auch Hugo, der ansonsten in seinen Briefen sehr einfühlsam dieses leidige Thema behandelt, reagiert schließlich ungehalten und verliert die Geduld, als sie in ›7 Tagen 100 Fränkli‹ ausgibt bei einem Monatsbudget von 200 Franken: »Ach es ist scheußlich mit diesen ewigen Geldgeschichten, und es könnte doch auch sein, dass Du selbst einsiehst, wir können das nicht. Dass ich immer wieder davon schreiben muss, das ist so langweilig.«[7] Dann wieder beruhigt er sie, sie würden bestimmt von ›irgendwoher‹ Geld bekommen.[8]

Auch im Tessin gibt es Probleme. Der Winter 1923/24 ist hart und Hugo sitzt im eiskalten Haus, wo es durch alle Ritzen zieht, bibbernd und frierend an seiner Schreibmaschine, da er Heizkosten sparen möchte. Er ernährt sich von Milch, Birnen und Brot, während er wegen lästiger Schreibarbeiten mit der Überarbeitung seines Buches ›Zur Kritik der deutschen Intelligenz‹ nicht wie gewünscht vorankommt. Als Emmy ihren Aufenthalt in Italien abbrechen möchte, gerät Hugo in Panik, hatte er doch gehofft, dass jeder allein und ungestört besser arbeiten könne. In einem flehentlichen Bittbrief schreibt er: »Ach Kinder, könnt Ihr denn nicht bis zum Frühjahr [...] aushalten? Es war doch so verabredet. Es ist eine beständige Hetze und jeden Augenblick wird alles wieder umgestoßen. [...] Nur lasst mich doch jetzt auch ein wenig zu Atem kommen.«[9]

Während Hugo ihre mögliche Anwesenheit als Behinderung seines Schaffens ansieht, fühlt sich Emmy ausgegrenzt. Als Annemaries Engagement als Hausmädchen Ende Dezember ausläuft, möchte Emmy, dass wenigstens die Tochter nach Agnuzzo zurückkehrt, da Mutter und pubertierende Tochter sich immer schlechter verstehen. Außerdem ist sie ständig von ›Angstträumen‹ geplagt, ihre 17-jährige Tochter könne in Florenz ›verführt‹ werden.

Hugo kämpft um seinen Freiraum und die Möglichkeit, ungestört zu arbeiten: Das Haus sei zu klein, er müsse dann heizen, für sie kochen, sich um sie kümmern und könne nicht arbeiten. Schließlich stimmt er der Rückkehr Annemaries zu, die am 12. Januar 1924 im Tessin eintrifft.

Von ihren Verpflichtungen als Mutter befreit, fährt Emmy am 16. Januar nach Rom, obwohl der besorgte Hugo ihr dringend abrät. Die Reise wird zum Desaster: Nach einer Woche in der Ewigen Stadt, wo sie 3 Tage lang ein Kino putzt, um für die Weiterfahrt Geld zu verdienen, bricht sie nach Neapel auf und findet in einem Kloster Unterkunft. Dort wird ihr das Reisegeld gestohlen, was sie Hugo schamhaft verschweigt, da sie ›ihm nicht so viel zumuten‹ möchte. Sie sucht sich wieder eine Arbeit in einem Haushalt, hält aber die anstrengende Arbeit nicht aus, wird krank und kehrt bereits Anfang Februar nach Florenz zurück. Sie fühlt sich angegriffen und möchte nach Hause, dies teilt sie ihrem Mann in Brandbriefen mit. Hugo, der mitten in der Terminarbeit steckt und sich um die widerspenstige Annemarie kümmern muss, reagiert erregt: »Ich bin [...] von Deinen kostspieligen und aufregenden Reisen so überreizt, dass ich seit Tagen nachts nicht mehr schlafe. [...] Ist es denn zu viel verlangt, dass ich auch einmal ein wenig Frieden haben will? [...] Warum machst Du auch solche unsinnigen Reisen und hältst dann nicht einmal aus? Alle Welt hatte Dir abgeraten. Du weißt doch, wie mich das angreift. Kannst Du denn nicht in Florenz aushalten bis zum Frühling?«[10] Emmy ist verstimmt, sie wünscht sich, dass Hugo mehr Einfühlungsvermögen zeigt und sich nach ihrer Gegenwart sehnt. Sie fühlt sich nicht wahrgenommen. Deshalb beklagt sie sich bei einer Freundin über ihren Mann, »dass er gar so gut ohne mich leben kann [...]. Vor einigen Tagen hat mich ein hübscher Italiener mit ins Kino genommen, [...] was meinst Du, ob ich das mal Hugo schreibe? Aber ich glaube, es macht ihm nichts aus«.[11]

Es sind alltägliche Szenen und Spannungen in einer Ehe, wo jeder um seinen Freiraum kämpft, sich in seinen Bedürfnissen unverstanden fühlt und dann an der Liebe des anderen zweifelt. Jeder denkt, er komme zu kurz, er habe es besonders schwer und der andere müsse doch auf ihn eingehen. 1944, 20 Jahre später, reflektiert Emmy ihr Verhalten kritisch in ihrem Tagebuch: »Ich las einige Briefe an Hugo von mir, was mir Sehnsucht macht. Meine Briefe haben etwas geradezu Egoistisches und Eitles an sich.«[12]

Ende Februar kommt Emmy krank und entkräftet nach Agnuzzo zurück und leidet noch wochenlang unter depressiven Verstimmungen. Hugo hingegen arbeitet fleißig an der Überarbeitung seines Buches ›Zur Kritik der deutschen Intelligenz‹, das unter dem Titel ›Die Folgen der Reformation‹ erscheinen soll. Da Ball alles Kritische gegen die katholische Kirche streicht, aber seine Lust an Provokation und Polemik beibehält, wirkt das Buch einseitig und überspitzt. Neben der Ablehnung der modernen Zeit vollzieht Ball eine reaktionäre Rückwendung auf eine idealisierte Vergangenheit. Emmy, von Hugo um ihren Rat gefragt, warnt vor einer Veröffentlichung, aber Ball – eigensinnig und uneinsichtig – gibt die Veröffentlichung frei. Auch Carl Schmitt versucht, ihm die Veröffentlichung auszureden. Er bietet ihm sogar an, dem Verlag das Honorar zurückzuzahlen und für die Satzkosten aufzukommen. Ball lehnt ab, denn mit der Überarbeitung möchte er seiner neu gewonnenen katholischen Überzeugung Ausdruck geben. Das Werk wird von der Kritik zerrissen werden und sein guter Ruf wird Schaden nehmen.

Hugo Ball auf ehelichen Abwegen?

»Es gibt Worte, die wie giftige Pfeile sich ins Ohr bohren ...«[1]

Emmy Hennings

Im Frühjahr herrscht eine triste Stimmung zwischen den Ehepartnern. So ganz kann Emmy nicht vergessen, ›dass Hugo gerne allein sein wollte‹. In dieser Verfassung hat sie Mühe, ihr Manuskript ›Das graue Haus‹ zu bearbeiten, was in ihr ein Gefühl der Erfolglosigkeit aufsteigen lässt. Hugo selbst ist von der Überarbeitung der ›Kritik‹ erschöpft, freut sich aber darüber, endlich wieder im Garten arbeiten zu können, um den Kopf freizubekommen. Zugleich beginnt er mit Studien zu seinem geplanten Buch über Psychoanalyse und Exorzismus und liest die Werke C. G. Jungs und Freuds. »Als Ergänzung aber nahm er zugleich die frühen Kirchenlehrer vor und fand [...], dass diese nicht nur die Krankheiten der Seele sehr präzis gekannt und benannt, sondern [...] dass sie wirklich zu heilen verstanden haben.«[2] Dieses Thema beschäftigt ihn bis zu seinem Tode, ohne dass es zu einer Veröffentlichung kommen wird.

Im Juni 1924 entwickelt sich eine tiefe Ehekrise, an der die Partnerschaft fast scheitert. Emmy erfährt von ihrem Luganer Zahnarzt Dr. Müller das Gerücht, Hugo habe ein Verhältnis mit Hilda Brown, der Ehefrau des Mäzens Charles Brown und der Mutter des musikalischen Wunderkindes, das er jeden Donnerstag trifft. Emmy ist schockiert und quälende Fragen bedrängen sie: Wieso verkehrte Hugo in der Zeit ihrer Abwesenheit so häufig im Hause Brown? War Hilda etwa der unmittelbare Anlass für die vielen Gedichte? Hat Hugo etwa wegen einer Liebesbeziehung sie gebeten, nicht frühzeitig ins Tessin zurückzukehren? Warum schenkte er Hilda im Dezember 1923 seine neu geschriebenen Gedichte?

Der Anschein belastet Ball schwer. Bisher war Hugo immer der Treue und Zuverlässige gewesen und Emmy diejenige, die gerne mit anderen Männern anbandelte und oftmals einer Affäre nicht abgeneigt war. Hugo hatte bisher bei allen Eskapaden und erotischen Abenteuern Emmys zu ihr gehalten, er war der Mann, auf den sie sich immer bedingungslos verlassen konnte!

Emmy ist fassungslos und, ohne mit Hugo zu sprechen, eilt sie umgehend zu Hilda, um sie zur Rede zu stellen. Doch diese reagiert ausweichend und verwirrt. Von ihr ist keine Klärung zu erwarten. Hugo, darauf angesprochen, streitet alles ab, sagt, es sei ein Missverständnis und ist sehr verletzt. Aber Emmy glaubt ihm nicht und denkt an Trennung: »Das Beste und Einzigste, was ich zu verschenken habe, ist meine Abwesenheit.«[3] Emmy reagiert sehr emotional und impulsiv und zieht sich Anfang Juli nach Ascona zurück. Er jedoch beteuert seine Unschuld und bittet sie, zu bleiben. Als die Situation durch gegenseitige Unterstellungen, Vorwürfe und Anschuldigungen unerträglich wird, flüchtet Ball Mitte Juli zur gemeinsamen Freundin Carla Fassbind, die ein Hotel auf der Rigi führt, bittet aber seine Frau, zu einem klärenden Gespräch dorthin zu kommen. In einem Brief an Hesse, der vermitteln möchte, beschreibt Emmy ihre Reaktion: »Nach einer schlaflosen Nacht habe ich mich entschlossen, nochmals mit Hugo zu sprechen, es ist wichtig, dass ich endlich Klarheit habe. Die letzten Dinge, die ich hörte, haben mich erschüttert. Und ich will die Sache endgültig regeln. So oder so.«[4]

Nicht nur Emmy leidet, auch Hugo ist nach eigener Aussage »müde und hat die Verfallssucht und graue Haare bekommen«. Weiter schreibt er an seine Frau: »Das sind so zerfahrene Dinge und Angst ist dabei [...]. Ich weiß, wenn wir jetzt sprechen, wirst du mich schon verstehen.«[5]

Beide sind trotz ihrer seelischen Verletzungen noch bereit, miteinander zu reden, sodass eine Lösung der Ehekrise möglich scheint. Emmy überwindet sich und reist Hugo nach. Als Ergebnis der Unterredung schreibt Hugo an Hilda einen Brief, der leider nicht erhalten ist. In der Folgezeit jedenfalls bricht er den Kontakt zu Hilda ab, kommt nicht mehr in ihr Haus, um den Sohn zu unterrichten und sendet ihr den Geldbetrag für seine Dienste zurück.

Wieder allein in Agnuzzo, berichtet Emmy Hesse, dass Hugo zu ihr stehen wolle, aber sie kann die Worte nicht vergessen, die wie ›giftige Pfeile sich ins Ohr bohren‹. Hesse beschwört Emmy, bei Hugo zu bleiben. Sie ist jedoch nicht bereit, zu verzeihen und zu vergessen, sie kann ihre negativen Gedanken nicht unterdrücken und steigert sich in die Affäre hinein, auch weil Hugo als Gesprächspartner nicht zur Verfügung steht: »Ich weiß von mir selbst, dass man sein Herz nicht ausblasen kann, wie ein Licht, wie sollte Hugo es können, was wohl niemand kann. Ich will fortgehen, [...] und ich will, dass Hugo sich frei fühlt. Ich bin unglücklich darüber, [...] und ich empfinde mich so hässlich, dass ich weine.«[6]

Lag Emmy mit ihren Vermutungen richtig, dass Hugo in Hilda verliebt war und sogar vielleicht mit ihr eine Liebesaffäre hatte? Zurück in Agnuzzo streitet Ball nochmals alles ab. In Balls Tagebüchern und Briefen gibt es jedenfalls keine Hinweise auf ein Liebesverhältnis, aber auffällig ist, dass für diese Zeit 28 Seiten aus dem Tagebuch entfernt wurden. Zumindest haben Hugo und Hilda miteinander geflirtet, haben füreinander geschwärmt und waren vielleicht sogar ineinander verliebt, ob es je zu Intimitäten kam, wird sich nie klären lassen. Auch wenn es nur eine harmlose Verliebtheit gewesen sein mag, bisher war Emmy in ihrer stürmischen Beziehung zu Hugo immer die leicht Verführbare und Untreue gewesen und hatte mit anderen Männern, wie z. B. Johannes R. Becher, Ernst Bloch oder del Vayo, geflirtet oder geschlafen. Dieses Verhalten zu tolerieren, hatte sie zwar Hugo zugemutet, sie selbst jedoch toleriert kein derartiges Benehmen ihres Ehemanns.

Hilda Brown schreibt Emmy und versucht zu erklären, aber die Gerüchteküche brodelt weiter, Hilda soll auch Beziehungen zu anderen Männern unterhalten haben. Da Emmy noch nicht besänftigt ist und erst ein Jahr nach Hugos Tod bekennen kann: »Ich habe mich so geirrt, wie noch nie in meinem Leben zuvor«[7], bleibt das Verhältnis des Ehepaars angespannt. Um dem Gerede zu entgehen, entschließen sich Hugo und Emmy Mitte September, mit Annemarie nach Italien zu fahren, um Abstand von der Gerüchteküche im Tessin zu gewinnen.

Das Paar in Italien 1924/26: ›Ich habe keine Hoffnung mehr‹.

»Wer ein fremdes Land besucht,
geht einen Weg zu sich selbst.«[1]

Emmy Hennings

Die Reise über Venedig und Florenz nach Rom wird möglich, weil der im Mai verstorbene Mann von Hilda Brown ein Vermächtnis von 3000 Franken zum Dank für die musikalische Betreuung seines Sohnes Robin ausgesetzt hatte. Emmy und Hugo planen, in Rom zu arbeiten sowie das Heilige Jahr zu begehen, und suchen eine Wohnung in der Nähe von Bibliotheken. Sie finden in einer Arme-Leute-Gegend »zwei enge Zimmerleins [...]. Es riecht nach Abseite und Katze, es gibt kein Licht und keine Luft. Doch sind, fürs Erste, die Bibliotheken nah.«[2]

Der Aufenthalt beginnt für Emmy mit einer großen Enttäuschung: Der Verlag Fischer teilt ihr mit, dass zwei eingereichte Manuskripte abgelehnt wurden, was sie ›hart trifft‹. Sie zweifelt an sich und ihren schriftstellerischen Fähigkeiten. Zugleich bedrückt sie die dumpfe Unterkunft, und während Hugo den ganzen Tag mit Studien in Bibliotheken verbringt und Annemarie Kurse in einer Zeichenschule belegt, besorgt sie den Haushalt, putzt, wäscht und kocht auf einem kleinen Spirituskocher. Ball schreibt besorgt: »Emmy [...] ist unermüdlich in diesem schmierigen Haushalt ohne Luft und Licht. Sie ist sehr bleich und überlastet. Sie klagt über Schwäche, muss viel liegen [...]. Es ist grässlich mitanzusehen, wie ihr schönes und großes Talent unter diesen niedersten Verrichtungen leidet. Und doch sind uns die Hände gebunden.«[3]

Während Hugo Studien über Psychoanalyse und Exorzismus betreibt, weil er überzeugt ist, dass die exorzistischen Heilungsversuche der Mönche im Mittelalter die Anfänge einer Psychoanalyse sind, schlittert Emmy in eine Lebenskrise. Sie fühlt sich von den Aktivitäten Hugos und Annemaries ausgegrenzt und leidet unter einer Schreibblockade. Ihre Gedanken kreisen immer wieder um die Affäre mit Hilda Brown, sie bricht unvermittelt in Tränen aus, verfällt in Selbstzweifel und in eine tiefe Depression. Ihre Verzweiflung vertraut sie ihrem Tagebuch an. Sie sucht Hilfe bei einem Arzt, der ihr Arsenik- und Schwefelspritzen verabreicht. Hugo, der ratlos ist, wie er helfen kann, versucht, Emmy zu unterstützen und zu fördern. Er schreibt verschiedene Verlage an, mit der Bitte um Veröffentlichung von Emmys Manuskripten ›Das graue Haus‹ und ›Reise nach Rom‹. Während Hugo morgens seine Studien betreibt und Emmy den Haushalt besorgt, besuchen beide zusammen nachmittags eine der vielen Kirchen Roms.

Ball selbst hat sich in Italien gut eingelebt. Er trifft interessante Gelehrte, korrespondiert mit C. G. Jung, betreibt im Laboratorium des bekannten Psychiaters De Santis Studien zu Fragen der Psychologie und Psychoanalyse. Über dieses Thema plant Ball bis Herbst 1925 ein Buch, das unter dem Titel ›Exorzismus und Psychoanalyse‹ erscheinen soll, aber von verschiedenen Verlagen abgelehnt wird. Angeregt von De Santis, arbeitet Ball am Aufsatz: ›Die religiöse Konversion‹, der im Juli in der Zeitschrift ›Hochland‹ erscheint.

In Rom erreichen Ball vernichtende Kritiken über sein Buch ›Die Folgen der Reformation‹, sowohl in der protestantischen als auch in der katholischen Presse, was ihm sehr zusetzt.

Besonders trifft ihn der Vorwurf des ›mangelnden Verantwortungsgefühls‹ und der ›übelsten Streitschriftenliteratur‹. Daraufhin schreibt er offene, teilweise wütende und herabsetzende Briefe[4] sowie Gegendarstellungen. Zum später umstrittenen Staatsrechtler Carl Schmitt, mit dem er im Sommer 1924 noch in intensivem, freundschaftlichem Austausch stand, bricht Ball den Kontakt ab, nachdem eine vernichtende Rezension von dessen Schüler Waldemar Guerian veröffentlicht wurde.

Ball lässt sich nicht entmutigen und wendet sich neuen Projekten zu: Hugo plant, ›eine seelenärztliche Praxis anzustreben und zu betreiben‹, was er nach seiner Rückkehr aus Italien im Herbst 1926 an wenigen ausgesuchten Freunden verwirklichen wird. Zugleich möchte Hugo das Buch ›Die christliche Mystik‹ von Joseph Görres neu herausgeben. Emmy hilft ihm und exzerpiert Hunderte von Seiten. Erfolgreicher ist Balls Mitarbeit an der Zeitschrift Hochland, für die er weitere Aufsätze schreiben kann.

Mit Beginn des Heiligen Jahres 1925 pilgert Emmy von Kirche zu Kirche auf der Suche nach Erlösung aus ihrer Misere, geht zur Beichte und Kommunion, betet und überlässt sich der Schönheit der gregorianischen Gesänge. Gemeinsam will das Paar durch den Besuch bestimmter Kirchen und durch besondere Gebete den ›vollkommenen Ablass‹ erwerben.

In ihrem Tagebuch schreibt Emmy von ihrem Zweifel und ihrer Traurigkeit, um wie eine Süchtige immer wieder ins Kino zu entfliehen und sich der Illusionen eines Filmes hinzugeben. Erregt sie die Handlung sehr, verlässt sie das Kino, um sich bei einem Glas Cognac oder Wein in einer Bar abzuregen und den Film dann zu Ende zu sehen. Angeregt durch Hugo, beschäftigt sich Emmy mit der Psychoanalyse, notiert ihre Träume, assoziiert frei und fragt sich, wieso sie gerade jetzt einen starken Kinderwunsch empfindet und gerne ein Kind von Hugo bekommen möchte.

Obwohl Emmy mit kleineren Arbeiten wie Rezensionen und Zeitschriftenartikeln Geld zum Unterhalt beiträgt, befindet sich das Paar im Januar 1925 wieder in Geldnöten. Die Lebenshaltungskosten und die Miete sind in der italienischen Hauptstadt horrend und Balls Bitte an seinen Verlag um ein Darlehen von 4000 Mark wird abgelehnt.

Sie entschließen sich im März, weiter in den Süden ins kleine Fischerdorf Vietri Marina bei Salerno zu ziehen. In der Nähe liegt die Benediktinerabtei Corpo di Cava mit einer reichhaltigen Bibliothek, was Hugo besonders anzieht. Er stellt aber fest, dass die Literatur, die er benötigt, dort nicht vorhanden ist und er wieder Bücher mühsam im Leihverkehr aus der Schweiz und Deutschland bestellen muss.

Die Wohnung in Vietri liegt direkt am Meer. Eine ausgelassene Stimmung macht sich in den ersten Tagen breit: Hugo kann seine Studien fortsetzen und möchte ›neue Bücher schreiben‹, Annemarie beginnt mit der Keramikmalerei und Emmy erforscht die Gegend, skizziert und schreibt Reiseberichte für Zeitungen. Sie sprühen vor Arbeitsfreude und Energie. Ende März kommen Dada-Mitbegründer Hans Arp und Sophie Taeuber-Arp zu Besuch, sie planen gemeinsame Publikationen und besichtigen Pompeji. Über Ostern reist Emmy nach Rom, um dort Malereien und Keramiken von Annemarie zu verkaufen. Hugo ist wieder einmal sehr besorgt um seine Frau, weil er die Zerstreutheit Emmys kennt. Daher ermahnt er sie, auf ihre Uhr und das Geld gut aufzupassen im ›großen Rom‹.

Durch die Frühjahrsstürme mit Regen und eisigem Wind erweist sich die Unterkunft direkt am Meer als zu feucht und

Hugo Ball, Emmy Hennings und Tochter Annemarie,
Salerno Winter 1925/26

zu kalt. Das Paar sucht eine neue Bleibe und findet nach langer Suche einen Palazzo mit großen Wohnräumen in Albori, einem kleinen Dorf hoch in den Bergen mit einem wunderschönen Blick über die Bucht von Salerno. Die Miete beträgt nur 100 Lire im Jahr. Die Balls richten sich im Mai in dem heruntergekommenen Haus ein, säubern die Zimmer und tünchen die Wände. Bis auf ein altes Schlafsofa ist das Haus unmöbliert, sodass Hugo aus Brettern und Kisten Möbel herstellt, die mit bunten Stoffen bezogen werden. Endlich haben sie wieder einen Garten mit Artischocken, Zitronen und Rosen, wobei Hugo sich um die weitere Anpflanzung von Gemüse kümmert. Da der Garten zu sehr der Sonne ausgesetzt ist, wollen die Pflanzen nicht recht gedeihen. In kindlicher Hilflosigkeit kauft Ball Puppenschirmchen, um sie einzeln über die Kohlpflanzen auszuspannen.

Die Ehekrise hat das Paar endgültig überwunden, jeder hat wieder seinen Freiraum und seine Rolle gefunden: Hugo vergräbt sich in seine schriftstellerische Arbeiten, ›aufreibende Exzerptarbeiten‹ und Studien, was Emmy humorvoll mit den Worten kommentiert: »Er studiert die Hexenprozesse und alle diese dämonischen Geschichten, sodass ich oft denken muss, ich sei mit einem Großinquisitor verheiratet.«[5] Sie besitzen jetzt zwei Schreibmaschinen, die ›Tag und Nacht klappern‹. Emmy selbst ordnet ihre Aufzeichnungen von Besichtigungen und Reisen, kümmert sich um die Küche, bricht immer wieder zu längeren Ausflügen auf und genießt Sonne, Meer und die frische Luft. Hugo hingegen lebt sehr asketisch in einem dunklen, von Modergeruch erfüllten Zimmer und möchte so dem Vorbild der Heiligen nacheifern. Gelegentlich spricht er sogar davon, als Mönch in ein Kloster einzutreten.

Muss dieser Zwiespalt zwischen der lebenslustigen Emmy und dem asketisch-mönchischen Hugo nicht zu Konflikten führen? Im Gegenteil: In ihrem Tagebuch notiert Emmy, was sie bei Männern immer gesucht hat: »Es ist möglich, dass sich der Liebesgrad einer Frau nur nach dem Priesterlichen im Manne richtet. Jedenfalls ist doch das Heilige im Manne die eigentliche, die ursprüngliche Sehnsucht der Frau.«[6] Mit diesem Wunschbild drückt Emmy ihre lebenslange Sehnsucht nach einem Mann aus, der glaubt, asketisch-fromm lebt und ›mit dem sie beten kann‹. Schon während ihrer Bohèmezeit 1911–1914 suchte sie immer wieder einen Partner, der mit ihr den Glauben teilt und mit dem sie ein christliches Leben führen kann. Denn in ihr widerstreiten Sinnlichkeit und Gottesliebe, zügelloses Leben und Frömmigkeit, Schuldgefühl und Glaubenssehnsucht.

Im Juli schreibt Emmy an Hesse von ihrer chronischen Finanzknappheit: Der Ullstein-Verlag hat das Manuskript von ›Das graue Haus‹ abgelehnt, der Kösel-Verlag verschiebt die Veröffentlichung von Emmys gesammelten Reisefeuilletons und unterbricht die monatlichen Zuwendungen von 150 Mark, während Hugo für sein Exorzistenbuch und die Auswahl von Mystiktexten des Joseph Görres keine Verlage findet. Die schriftstellerischen Arbeiten der beiden bringen nur wenig Geld in die Kasse, sodass sie wiederholt Hesse und Bekannte um Unterstützung bitten müssen.

Wegen der Kälte und der Feuchtigkeit, die auch in das Haus in Albori eindringt, sucht Hugo im Oktober nach einer neuen Unterkunft in Rom. Während seiner Abwesenheit schreibt sich Emmy in Briefen an Hesse wieder einmal ihren Kummer von der Seele, denn es gibt Themen, über die sie mit Hugo, dem mittlerweile überzeugten und strenggläubigen Katholiken, nicht sprechen kann, da er die Kirche immer verteidigt.

Über einen aus der Kirche ausgeschlossenen Priester schreibt sie: »Wenn der liebe Gott auch so streng sein wollte wie die Menschen untereinander! Hier kann ich [...] nicht leicht mit Hugo darüber einig werden, bitte erwähnen Sie nichts [...], ich finde diese Inquisitionszeit mit ihrem Hexenhammer einen wahren Extrakt an Grausamkeit und verblendeten Fanatismus. Da findet Hugo das damalige Gerichtsverfahren noch menschlich, weil man so besorgt um die Seele war.«[7] Emmy hat sich immer einen Mann gewünscht, der ihren Glauben teilt, aber sie, die gerne Katholikin ist, hat sich einen kritischen und distanzierten Blick auf Verfehlungen der Kirche bewahrt und auf den Fanatismus, der bei Hugo gelegentlich durchscheint.

Auf die verheerenden Kritiken an seiner Streitschrift ›Die Folgen der Reformation‹ reagiert Hugo mit einer Intensivierung seiner Glaubensüberzeugung. In seiner materiellen Not und intellektuellen Vereinsamung trifft Ball die Ablehnung seines Buches durch katholische Kreise besonders hart. »Ich möchte unter Katholiken nur Freunde [...] haben. Dahin will ich arbeiten, [...] in der Kirche muss ich erreichen, dass alle für mich sind.«[8] Ball sehnt sich nach der Akzeptanz einer Gemeinschaft von Gleichgesinnten. Er wird immer mehr zum glühenden Verfechter des katholischen Glaubens: »Ich möchte dieses unser Vaterland katholisch haben von Grund aus [...]. Ganz Deutschland muss wieder katholisch werden, oder es ist nicht wahr, dass die katholische Kirche allein seligmacht«.[9] Balls Katholizismus ist für uns fremdartig und außergewöhnlich: einerseits kindlich gläubig und andererseits intellektuell reflektierend, sowohl radikal eifernd als auch der Volksfrömmigkeit zugetan. Sein Glaube begeistert sich an der Bußdisziplin der Wüstenmönche, er geht regelmäßig zur Beichte und Kommunion, er redet über Engel und den Teufel und verteidigt den Exorzismus gegenüber der Psychologie. Das Paar lebt seinen Glauben in gemeinsamen Gebeten, Litaneien und Liedern, sie besuchen die hl. Messe und Andachten, sie verehren die Gottesmutter, Heilige und Engel, sie unternehmen Wallfahrten, beten den Rosenkranz und sprechen von der Führung durch Gott.[10]

Im Herbst 1925 greift Ball wieder den Plan auf, seine alten Tagebücher zu bearbeiten und herauszugeben. Es ist auch eine Reaktion auf die Kritiken an der Streitschrift, denn er möchte die Kontinuität seines Denkens und Handelns aufzeigen und ›klärend und versöhnend wirken‹[11]. Da sich in Rom keine bezahlbare Wohnung findet – sie können die Kaution nicht aufbringen –, zieht das Paar im Dezember 1925 mit Annemarie ins Tal nach Viertri sul Mare in eine dürftig möblierte, zugige Zweizimmerwohnung ohne Öfen, die aber wenig kostet. In Vietri geraten die Balls wieder einmal in große finanzielle Schwierigkeiten, Geldanweisungen von Emmys Rezensionen sind auf dem Postweg in Rom verschwunden. In ihrer Existenznot schreibt Hugo einen Brandbrief an Hesse mit der Bitte um 200 Franken. Die Situation scheint aussichtslos: »Wir sind in Vietri eingefroren, total eingefroren. Wir legen uns am Abend in den Mänteln zu Bett und rufen uns von Zimmer zu Zimmer klappernd zu, dass es kalt, sehr kalt ist. [...] Geld haben wir auch nicht mehr, nur noch einige halberfrorene Einfälle. Es ist schon zum Verzweifeln. [...] Es kümmert sich kein Mensch um uns. Wir könnten ruhig eingehen.«[12] In sein Tagebuch notiert Ball am gleichen Tag: »Oh, wohin haben wir uns verlaufen, wir Kinder! Wer sucht uns noch? Wer wird uns finden? Und wie wird es uns ergehen? [...] Ich habe keine Hoffnung mehr und habe mich ganz ergeben.«[13] Die Vereinsamung und die materielle Not lähmen das Paar und lassen es in Hoffnungslosigkeit versinken, aber sie können sich aber auf Hesse verlassen, der ihnen umgehend das Geld schickt.

Auf der Suche nach einem neuen Anfang

»Wir können ja das moderne Leben nicht mitmachen. Wir haben ja keine Anpassungsfähigkeit.«[1]

Emmy Hennings

Es geht uns nicht gut, wir sind erschöpft von Sorgen und Arbeit«[2], schreibt Ball Mitte März 1926 an Hesse. Dieser reagiert diesmal ungehalten, weil Hugo und Emmy nicht auf seine persönlichen Nöte eingehen, die er in seinen Briefen vorbringt, sondern ihn mit billigem Trost abspeisen: »Sie und Emmy schreiben mir immer, [...] wie gut die Madonna es mit mir meine und wie leicht sie meine Augenschmerzen etc. heilen könne. Für einen Menschen, der Tag für Tag in Verzweiflung steht, ist solcher Trost, verzeihen Sie, nichts Essbares, sondern Wind.«[3] Es herrscht in den nächsten Wochen eine gespannte Stimmung zwischen den Freunden.

Die Balls stehen buchstäblich vor dem Nichts, und da keine Besserung der finanziellen Lage in Aussicht ist, beschließt Emmy, nach München zu fahren, um vor Ort mit dem Kösel-Verlag über regelmäßige Zuwendungen und über Veröffentlichungen in der Zeitschrift ›Hochland‹ zu verhandeln. Kaum ist Emmy am 23. März abgereist, gibt es lang erwartete Honorarzahlungen und positive Nachrichten von Verlagen, die Interesse an den Manuskripten von Emmy und Hugo zeigen. In München erreicht Emmy immerhin, dass der Kösel-Verlag wieder monatlich 100 Mark überweist. Hugo selbst schickt ein Exposé und Teile seiner überarbeiteten Tagebücher an den Verlag Duncker & Humblot mit der Bitte um Prüfung einer Veröffentlichung. Zurück in Italien, beschließen beide, wieder in das Tessin überzusiedeln, da Hugo alle wichtigen Dokumente für sein Tagebuchprojekt in Lugano deponiert hat. Außerdem wollen sie wieder in die Nähe ihrer Freunde ziehen, denn Hugo fehlt der intellektuelle Austausch und Emmy sehnt sich nach Menschen, dem Kino und den Luganer Cafés mit den Zeitungen.

Da ihr Häuschen in Agnuzzo anderweitig vergeben ist, mieten sie Mitte April eine kleine Dachwohnung in Sorengo, nahe Lugano. Hugo reist mehrfach nach München, um Vertragsverhandlungen für sein Tagebuch mit dem Titel ›Die Flucht aus der Zeit‹ und für Emmys Buch ›Gang zur Liebe‹ zu führen. Emmys ›Gang zur Liebe‹ besteht eigentlich aus 2 Büchern: Der erste Teil, die eigentliche Reise, beginnt in einem Tessiner Dorf und führt über Mailand, Pisa, Florenz nach Rom, im zweiten Teil, der im Heiligen Jahr spielt, wird das Leben in der Ewigen Stadt beschrieben mit den Priestern, Bettlern, Kirchen und Heiligen.

Im Tessin holt die Vergangenheit Emmy ein. Bei einem zufälligen Gespräch mit der Freundin Carla Fassbind über Hugos angebliche Geliebte Hilda Brown vertritt Carla die Auffassung, ›mit Frau Brown könne das schon wieder in Ordnung kommen‹. Empört möchte Emmy daraufhin in einem erzürnten Brief von Hugo wissen, ob die Vermittlerrolle Fassbinds von ihm ausgehe oder nicht. Weiter schreibt Emmy: »Nur wollte ich Dir [...] auf alle Fälle sagen, dass ich nicht die geringste Verbindung mit Frau Brown will. [...] Doch würde ich im selben Augenblick von Dir fortgehen, wenn Du versuchen würdest, Dich mit ihr nochmals auseinanderzusetzen, gleich in welcher Weise. [...] Ich bitte Dich, Liebling, mir ein Wort der

Beruhigung darüber zu schreiben, und ich will es glauben. Ich will nicht zweifeln an Dir, Hugo, ich vertrage keinen Zweifel, der Dich und mich verletzen muss.«[4] Offensichtlich ist Emmy immer noch sehr verletzt, sie misstraut jeglicher Vermittlung und jedem Kontakt, ja sie stellt Hugo kompromisslos ein Ultimatum, so wichtig ist ihr das Thema. Hugo versucht, sie zu beruhigen, und stellt kurz und entschieden fest: »Musst nicht ängstlich sein, Liebling. Es ist alles in Ordnung.«[5] Damit ist für Hugo die Angelegenheit erledigt.

Nachdem Emmy die neue Wohnung eingerichtet und mit geliehenem Mobiliar wohnlich gemacht hat, wird sie wieder einmal krank und leidet unter einer schmerzhaften Nervenerkrankung und Erkältung. Es ist auffällig, immer, wenn Emmy unter Stress gerät, sei es durch Schwierigkeiten bei Reisen oder Konflikten, reagiert sie körperlich oder psychisch mit Krankheiten, was aber nicht verwundert, ist doch ihr Körper durch Hunger, frühere Drogensucht und das unstete Leben geschwächt.

Da bis Mitte Juli das Manuskript für sein Tagebuchprojekt abgeschlossen sein muss, stürzt sich Hugo, zurück im Tessin, in die Arbeit. Wenn er ein Kapitel beendet hat, liest er es Emmy vor und freut sich, wenn es ›von der Kritik günstig aufgenommen‹ wird. Daneben berät er Emmy im Umgang mit ihrem Verlag, möchte doch der Lektor an ihrem Manuskript umfangreiche Streichungen vornehmen.

Pünktlich zum 12. Juli 1926 beendet Hugo nach aufreibender Tag- und Nachtarbeit sein Manuskript und schickt es dem Verlag. Hugo fühlt sich nun ›völlig erschöpft‹ und auch Emmys Gesundheit ist noch nicht hergestellt.

Es ist wieder einmal Zeit für das Paar, sich neu zu orientieren und über die Zukunft nachzudenken: Welche Projekte wollen sie vorantreiben, welche Chancen bieten sich, Geld zu verdienen, und wo können sie preiswert leben?

Zunächst sondiert Hugo die Verdienstmöglichkeiten in München: Bei Carl Muth, dem Herausgeber der Zeitschrift ›Hochland‹ bemüht er sich um eine feste Mitarbeiterstelle für Emmy und sich. Er erreicht immerhin, dass Emmy regelmäßig Lyrik-Neuerscheinungen rezensieren kann, und es wird die Veröffentlichung weiterer Aufsätze zugesagt. Aber München ist als Wohnort zu teuer, die Hochland-Mitarbeit wird schlecht bezahlt und Muths Zusagen sind nicht immer zu trauen. Als Hugo als Lückenbüßer einen Aufsatz schreiben soll, platzt Emmy der Kragen: Einerseits über die Kulturkatholiken und katholischen Kritiker, die Hugo keine Anerkennung gewähren, andererseits auch über Hugos demütige Haltung: »Du selbst sagst immerwährend, [...] man will uns nicht ›hochkommen‹ lassen, aber Du bist verliebt in Deine ›Unterdrücker‹ gleichwohl und das ist schlimm. [...] Schreib einmal die Folgen dieses ›Katholizismus‹, die vielleicht ebenso gefährlich, noch gefährlicher sind, als die Folgen der Reformation. [...] Man hat Dich müde, mürbe gemacht und das ist etwas, das ich kaum mehr mit ansehen kann.«[6] Zugleich versucht sie ihn nach diesem emotionalen Ausbruch aber zu ermutigen und aufzubauen: »Ich lebe ja mit Dir, und weil ich zu genau weiß, wie es mit Dir kommen wird und dass Du einmal großen Erfolg haben wirst, regt es mich über alle Begriffe auf, dass man Dich derart zu hetzen wagt.«[7]

Hugo nimmt Kontakt zum Theater auf, aber die Theateridee verläuft im Sande. Eine Zeit lang überlegt Ball, nach Berlin zu ziehen, damit Emmy dort Vortagsabende geben und einen neuen Verlag für ihre früheren Bücher suchen kann. Eine weitere Alternative sieht Hugo in Signa bei Florenz: »Es schwebt mir vor, aus dem Gut in Signa eine große Kolonie für katholische Schriftsteller, Künstler und Dichter zu machen: eine Art Laienkloster und Gottesschule, wie im frühen Mittelalter die ersten Klöster waren.«[8]

Balls Überlegungen, wohin sie am besten ziehen sollen – München, Berlin oder Italien – ziehen sich wochenlang hin, ohne dass eine Entscheidung gefällt wird, bis Emmy ›vor lauter Erregungen‹ aufgewühlt schreibt: »Wir sind genug kaputt und haben nicht nötig, zwei Umzüge zu haben. Berlin und Signa [...], ich bin es satt. Bedenke doch, was es kostet. Wie man leben soll, zwei Zimmer sagst Du. Ja und kochen? Und die Wohnung in Tessin? Die Sachen? [...] Ich kann Deine verwirrten Briefe [...] nicht verstehen, lieber Hugo.«[9]

Sie treffen keine Entscheidung, alles bleibt in der Schwebe. Während Emmy über einem Tessin-Buch sitzt, Aufsätze und Rezensionen schreibt, beginnt Hugo, psychotherapeutisch zu arbeiten. Die Frau des Malers Albert Müller, zu dem Annemarie inzwischen zur künstlerischen Ausbildung gezogen ist, kommt zu mehreren Sitzungen nach Sorengo. Im Tagebuch verzeichnet Hugo erfreut, dass ›Albert Müller finde, mit seiner Frau sei ein Mirakel geschehen, denn alle Symptome der Schwermut seien geschwunden‹. Auch Clara Fassbind, Albert Müller selbst und andere konsultieren den autodidaktischen Analytiker Hugo Ball, der ein guter Zuhörer ist. Daneben kümmert sich Ball immer wieder um die Verbreitung von Emmys Büchern und schlichtet einen heftigen Streit zwischen ihr und Carl Muth.

Die Biografie über Herrmann Hesse

»Mein Versuch war, Deine Lebenslinie
zu lesen und das Geschriebene
darauf zu beziehen.«[1]

Hugo Ball an Hermann Hesse

Nachdem Emmy und Hugo fast zwei Jahre nur brieflichen Kontakt zu Hesse hatten, freuen sie sich über die persönlichen Begegnungen mit ihm. Inzwischen sind auch die gegenseitigen Verstimmungen ausgeräumt und die alte Verbundenheit hat sich wieder eingestellt. Um dem Ehepaar den weiteren Aufenthalt im Tessin finanziell zu ermöglichen, regt Hesse beim Verleger Samuel Fischer an, der zum 50. Geburtstag Hesses eine Biografie herausgeben möchte, Hugo Ball diese Arbeit anzuvertrauen. Fischer greift den Vorschlag Hesses auf, bis Februar 1927 muss Hugo das Manuskript abliefern. Dafür erhält er eine Vorauszahlung von 450 Mark, um ohne beständige Ablenkung arbeiten zu können.

Hugo macht sich im November 1926 an die Biografie. Hesse schickt alle seine Werke und die Eheleute lesen nun an den Abenden seine Bücher. Diese gemeinsame abendliche Lektüre eigener Manuskripte oder die Schriften anderer durchzieht seit Jahren das Zusammenleben des Paares. Damit verbunden ist oft ein Austausch über das Gelesene, was zusätzliche Nähe schafft. Da gerade einmal vier Monate für Nachforschungen und die Niederschrift der Biografie bleiben, ist Hugo dankbar, seiner Frau gelegentlich Notizen und Gedanken diktieren zu können.

Im November reist Emmy über Dessau nach Berlin. Dort trifft sie alte Freunde wie Huelsenbeck, Höxter und Klabund und kümmert sich um Verlagsangelegenheiten und die Veröffentlichung von ›Das graue Haus‹. Kaum ist Emmy abgereist, bekommt Annemarie in Sorengo Schüttelfrost und Fieber, was sich später als Typhus herausstellen wird. Statt an seinem Buch zu arbeiten, muss sich Hugo intensiv um die Tochter kümmern.

Es ist berührend zu lesen, wie einfühlsam und schonend Ball seine Frau auf die schlimme Diagnose und den Krankenhausaufenthalt Annemaries vorbereitet. »Sei einstweilen nicht besorgt. Ich verspreche Dir, ganz genau zu schreiben, wenn etwas Ernstliches sein sollte.«[2] Zu diesem Zeitpunkt ist Annemarie bereits im Krankenhaus in Lugano und auch die Diagnose Typhus wurde gestellt. Hugo selbst reagiert kopflos und überfordert auf die Situation, was sich auch in den Briefen, die eine Woche lang fast täglich hin und her gehen, widerspiegelt: Zuerst bittet er sie, zurückzukommen, dann rät er zum Verbleib in Berlin.

Die Krankheit der Tochter lässt das Paar enger zusammenrücken. Hugo drückt immer wieder seine zärtliche Zuneigung und tiefe Liebe aus, die sie in der schwierigen Situation zusammenschweißt. Auch findet er Worte der Anerkennung für ihr Tun in Berlin: »Einfach großartig, was du alles erreicht hast, in den paar Tagen. Wie machst Du das nur?«[3] Hugo, der sonst ruhende Pol in der Beziehung, kann aber seine Aufgeregtheit und Hilflosigkeit nicht verbergen. Es wundert nicht, dass Emmy kurz darauf überstürzt ins Tessin zurückkehrt.

Inzwischen ist Ball mit seiner Hesse-Biografie sehr in Verzug geraten und zu allem Überdruss hält sich Hesse in Zürich auf, sodass kein direkter Kontakt möglich ist. Ball fährt mehrfach zum Freund, der ihn bereitwillig mit Informationen und Material unterstützt und ihm das freundschaftliche

Du anbietet. Hugo Balls roter Faden beim Schreiben der Biografie ist die Deutung des Lebens und Werkes von Hesse als ›typisch für die Neurose eines geistigen Menschen und modernen Künstlers‹.

Annemaries Krankheit zieht sich hin, sie entwickelt Anfang Januar 1927 eine schwere Psychose mit Verfolgungswahn und geistiger Verwirrtheit. Die überforderten Ärzte raten, Annemarie aus dem Krankenhaus zu nehmen und in eine Anstalt zu geben. In dieser Situation ist Emmy für Hugo durch ihre Emotionalität und ihre panischen Reaktionen vor Ort kaum eine Hilfe, sodass Freunde ihr raten, sie solle Ball allein die Pflege überlassen. Als Hugo wieder einmal für kurze Zeit zu Hesse nach Zürich gereist ist, um Fragen zur Biografie zu klären, wendet sich Emmy in einem bewegenden Brief mit ihren Sorgen an den Freund: »Verzeihen Sie, lieber Herr Hesse, dass ich Ihnen so schreibe, sagen Sie Hugo nichts; [...] ich will, dass er ruhig bleibt in seiner Arbeit. [...] Darf ich Ihnen vertrauen, was mich schwer drückt? Nur ein wenig. Ich weiß ja, Sie haben es selbst so schwer, davor ich ratlos stehe. [...] Ich bin müde, müde vom Unseligsein [...]. Und ich komme beinahe um vor Einsamkeit, weil niemand eine Ahnung hat.«[4]

Wieder im Tessin, übernimmt Hugo wie gehabt die Verantwortung und fährt mit Annemarie für einige Tage nach Pura zur Kur. In dieser Zeit erscheint Hugos Tagebuch ›Flucht aus der Zeit‹, das von Rezensenten günstig aufgenommen wird. Zurück in Sorengo, bekommt Annemarie wieder Fieber und auch Emmy leidet unter nervösen Hautausschlägen. Hugo resümiert in einem Brief an Hesse: »Nun, wenigstens hat Emmy eine kleine Erholungspause gehabt. Wir sind von der reinen Hölle umlagert; ich habe alle Mühe, wenigstens äußerlich die Ruhe aufrechtzuhalten.«[5] Emmy schlägt vor, Hugo solle sich in eine Pension zurückziehen, um seine Arbeit dort zu beenden, was er aber ablehnt. Schließlich verspricht sich das Ehepaar, ›alles, wie es auch kommen möge, ruhig hinzunehmen‹.

Annemarie, der es endlich besser geht, muss weiterhin das Bett hüten und gepflegt werden. Emmy berichtet: »Ich hab vom frühen Morgen bis in den späten Abend alle Hände voll zu tun, mit Pflegen, Kochen, Putzen, alles, was den einen Tag zu tun ist, davon man am Abend nicht sieht [...]. Hugo ist fleißig und vertieft in seine Arbeit, und so zerstreut oder gesammelt bei seiner Sache, dass er abends das heiße Wasser direkt ins Bett schüttet, anstatt in die Wärmflasche.«[6] Herrmann Hesse unterstützt seinen Freund beim Abfassen der Biografie uneigennützig nach Kräften mit Materialien, Gegenlesen des Manuskriptes, Korrekturlesen und der Bitte an den Verleger, den Abgabetermin auf Ende März zu verlängern.

Während Hugo pausenlos am Schreibtisch an den letzten Kapiteln der Biografie arbeitet, nur zum Essen und Vorlesen erscheint, also ›unsichtbarer denn je‹ ist, wie Emmy beklagt, macht sie sich im März erneut auf Wohnungssuche, da ihnen die zwei Zimmer in Sorengo gekündigt wurden. In Agnuzzo wird sie wieder fündig, aber nicht im früheren Haus, sondern bei einem Häuschen mit Turm und Garten mitten im Dorf. Annemarie und Emmy, die es bunt lieben, streichen das Haus von oben bis unten in ›sonnengelb, grün und weiß‹, bevor sie Ende März mit der Kutsche ihre wenigen Möbel und Gegenstände ins neues Domizil bringen. Bei der Besichtigung muss Hugo feststellen, dass das Häuschen nicht ganz seinen Vorstellungen entspricht, da es sehr eng ist und er überall anstößt.

Nach der Abgabe des Manuskripts erholt sich Ball von den Anstrengungen, indem er den Garten umgräbt und Beete anlegt, während Emmy Petersilie sät und einen Rosenstock pflanzt. Das Buch wird vom Verleger S. Fischer umgehend als beste Biografie seines Verlages gepriesen und später auch von der Presse einhellig gelobt. Aber Hugo notiert am 26. April 1927 in sein Tagebuch selbstkritisch, diese Gelegenheitsarbeit habe er vielleicht gar nicht schreiben dürfen. Sie sei eine Abirrung von seinem eigentlichen Thema, was ihm den Vorwurf einbringen könnte, er sei dem Erfolg nachgegangen. Zugleich nimmt er Kontakt mit dem Verleger J. Hegner auf, der Interesse an seinem geplanten Hauptwerk ›Die Therapie der Kirche‹ gezeigt hat, und bietet an, bis März 1928 das fertige Manuskript abzuliefern.

Erstmals seit langer Zeit ohne finanzielle Sorgen macht das Paar auf Spaziergängen im Mai hoffnungsvoll Pläne für die Zukunft. Emmy hat wieder die ›Weglaufsucht‹ gepackt und plant, ein Deutschlandbuch zu verfassen. Hugo notiert in sein Tagebuch: »Der Plan für das nächste Jahr ist folgender: Emmy reist jetzt für etwa 2 Monate nach Deutschland, um sich Notizen für ein neues Buch zu sammeln. Ich beginne mit dem Exorzismusbuch früher [...]. Emmy und ich gehen dann einige Monate nach Heidelberg oder Freiburg [...], wo ich das Exorzismusbuch leichter beenden kann. Sobald mein Buch fertig ist, reisen wir nach Paris und im Frühjahr quer durch Frankreich bis in den Süden.«[7]

Mitte Mai macht sich Emmy auf den Weg nach Deutschland. Ihre Ziele sind religiös-spirituelle Orte, u. a. Konnersreuth, dort möchte sie die stigmatisierte Therese besuchen sowie das Kloster Helfta, wo die Mystikerin Gertrud von Helfta wirkte. Im Laufe der Reise fährt sie auch nach Berlin, wo sie wieder alte Freunde trifft. In vielen Briefen berichtet sie von ihren Eindrücken und bittet ihre Tochter, die Korrespondenz zu sammeln, was Hugo zu dem lakonischen Kommentar veranlasst, er hebe sowieso alle ihre Briefe und Zettel auf.

Seit Mai machen Magenschmerzen Hugo so zu schaffen, dass er vor Schmerzen außer Schleimsuppe kaum etwas essen und auch nachts nicht schlafen kann. Seine Hausärzte erkennen nicht den Ernst der Lage und stellen Fehldiagnosen.

In dem Briefwechsel des Ehepaars wird die liebevolle Sorge füreinander wieder deutlich: Hugo schreibt: »Reis' Du in Gottes Namen, wohin es Dich treibt und weht. Und wenn Du Geld brauchst, dann schreibe oder depeschiere mir. Du bist für den Himmel unterwegs. [...] Der Schlusserfolg wird doch auf Deiner Seite sein, und darauf allein kommt es an.«[8] Sie hingegen macht sich große Sorgen um seinen Gesundheitszustand und bittet ihre Tochter, für Hugo ›sehr sorglich mit dem Essenkochen‹ zu sein. Sie diskutieren, ob Emmy vielleicht die Visionen von Therese von Konnersreuth aufschreiben oder einen Roman verfassen soll, ob sie in Berlin in der Funkstunde des Radios lesen kann und wie die Reise weitergehen soll. Er beruhigt sie immer wieder über seinen Gesundheitszustand, aber als die Ärzte eine Geschwulst in der Magengegend ertasten und auch Blut im Urin festgestellt wird, ruft ein Telegramm sie am 27. Juni zurück ins Tessin.

›Es wird ein Mann begraben‹

»Es wird ein Mann begraben.
Es ist der gute Mond.
Es steht eine Trauerversammlung
Vor dem Hause, wo er wohnt …

Ich stehe bass erstaunet
Und doch betrübt dabei.
Mich dünkt, dass ein sehr lieber
Freund mir gestorben sei.
Bin ich's am Ende selber?
Ich weiß und weiß es nicht.«[1]

Hugo Ball

Am 28. Juni 1927 holt Hugo seine Frau an der Bahn in Lugano ab. Emmy ist erschüttert über sein verfallenes Aussehen, er wiegt nur noch 55 kg. Bei seinem Anblick bricht sie in Tränen aus, während er sie zu beschwichtigen sucht, es ginge ihm erst seit einigen Tagen nicht gut.

Am folgenden Tag macht sich das Ehepaar umgehend zur Behandlung nach Zürich ins Rote-Kreuz-Spital auf, wo er nach Untersuchungen am 2. Juli, dem 50. Geburtstag Hesses, bei dem Hugo der ›Haupt-Ehrengast‹ sein sollte, operiert wird. Am Tag vorher verfügt er in seinem Tagebuch für den Fall seines Todes, »daß aus meinem schriftlichen Nachlass [...] nichts publiziert werden soll«[2].

Die Diagnose ist niederschmetternd: Magenkrebs im fortgeschrittenen Stadium. Der halbe Magen wird entfernt, aber der ganze Tumor kann nicht wegoperiert werden. Da Hugo auf baldige Besserung hofft, wagt Emmy nicht, ihm die Wahrheit zu sagen, dafür versucht sie, mit Gott zu ›handeln‹: »Überleg's Dir doch, lieber Gott. Es kann nicht Dein Ernst sein. Du hast uns nur einmal erschrecken wollen, und wir sind ja auch erschrocken genug. Du siehst es ja.«[3]

Als eine Freundin schreibt, ›Hugo würde wohl bald die Heiligen sehen‹, wird sie zornig: »Wir wollen leben, leben, und hier wollen wir leben, wo wir sind.«[4] Tatsächlich ahnt aber Hugo wohl, wie es um ihn steht, in seinem Tagebuch fragt er sich, ob es sich um ein ›einfaches Geschwür‹ oder doch um eine ›weitgediehene Krebskultur‹ handele.

Emmy besucht ihren Mann täglich, kümmert sich um den Kranken und muntert ihn auf. In Briefen vertraut sie Hermann Hesse ihre Traurigkeit, Todesgedanken und schwere Träume an, die sie nachts quälen. Der Alltag lenkt sie ein wenig ab, sie bemüht sich um eine neue Unterkunft im Tessin, da das Haus in Agnuzzo für die Pflege eines Schwerkranken völlig ungeeignet erscheint.

Mehrere Frauen bieten ihre Hilfe an, was aber Emmy eifersüchtig macht und wieder einmal sehr emotional reagieren lässt: »Mit einem Mal interessieren alle Frauen sich für ihn [...] und himmeln ihn an. [...] Es darf ihn jeder lieben, aber so wie ich darf es niemand, ich ertrage es nicht, hier überflügelt zu werden.«[5] Es missfällt Emmy und ihrem ›Selbstbestimmungsrecht als Frau‹, wenn andere sich einmischen wollen und raten, welche Vorbereitungen für Hugo im Tessin zu treffen seien. Nein, sie ist die Ehefrau Hugos und weiß allein, was für ihn gut ist.

Emmy reist für kurze Zeit ins Tessin und mit Hilfe von Freunden findet sie ein Haus in San Abbondio, eine halbe Stunde von Hesses Domizil und von Lugano entfernt. Zudem gibt es einen Arzt am Ort sowie Telefon im Haus und einen deutsch sprechenden Pfarrer nebenan.

Tochter Annemarie, Hugo Ball und Emmy Hennings,
Sant' Abbondio August / September 1927

Am 25. Juli reist das Paar mit dem Zug nach San Abbondio. In seinem Tagebuch begrüßt Ball die Wahl des Hauses, dessen Miete Gönner wie Carla Fassbind und Joseph Englert bezahlen, und plant für die Zukunft: »Die Lösung mit Abbondio ist wirklich die beste, die wir wünschen konnten [...]; wir werden jetzt wohl im Tessin definitiv ansässig werden. [...] Auch ein Dienstmädchen werden wir jetzt haben, sodass Emmy sich endlich ganz ihren literar. Arbeiten widmen kann [...]; es scheint, dass die materiellen Sorgen und das Elend jetzt definitiv aufgehört haben sollen. Es ist spät, wir sind beide über vierzig, hoffentlich aber nicht zu spät.«[6]

Im Haus, einer mit Fresko-Malereien verzierten Villa samt Hauskapelle, Klavier und großem Garten, bezieht Hugo ein Zimmer neben der Kapelle mit Aussicht auf die Tessiner Landschaft. Hesse besucht Ball jeden zweiten Tag und auch Richard Huelsenbeck, der seit Kurzem in der Nähe wohnt, kommt mehrmals wie auch Ärzte und Priester. Die verzweifelte Emmy hofft auf eine wundersame Heilung durch Gebete und geweihtes Lourdeswasser, aber die Krankheit Hugos schreitet voran, trotz aufopfernder Pflege. Zur Linderung der Schmerzen injiziert sie ihm regelmäßig Morphium. Das Gehen und die Besuche strengen ihn immer mehr an, manchmal setzt er sich ans Klavier und spielt Volkslieder oder klassische Stücke. Ansonsten hält er sich bei schönem Wetter den ganzen Tag im Garten auf und muss sich schonen. Im September kann er aus physischer Schwäche das Bett nicht mehr verlassen, aber er schreibt weiterhin Tagebuch und spricht über seine Arbeitspläne. Abends hält Emmy ihm meistens seine Hand, bis er eingeschlafen ist.

Als sie merkt, dass es mit Hugo zu Ende geht, ruft sie am 13. September einen Priester, der ihm die Beichte abnimmt, die Kommunion reicht und die Sterbesakramente spendet. Hugo weiß nun, dass es zu Ende geht, er hat Angst, aber keine großen Schmerzen. »Die Ärzte, wir konnten sie nicht genug herbeirufen, erwarteten stündlich das Ende. Ich hatte geweihtes Wasser von Lourdes kommen lassen, und als er Atemnot bekam, brauchte er sich nur zu bekreuzigen und ein wenig Wasser an sein Herz legen, um sogleich Linderung zu empfinden. Ich muss sagen, er war auch von diesen äußeren Dingen abhängig und trug in kindlichem Glauben an die Wunder- und Heilkraft, wohl auch als Zeichen seiner Verehrung, stets ein kleines Amulett am Hals, das die Unbefleckte Empfängnis und die selige Bernadette darstellte. So bedurfte dieser starke geistige Mensch, der sich mit den ernstesten und tiefsten Fragen des Lebens beschäftigte, bis zum letzten Augenblick gleichzeitig der allerrührendsten frommen Hilfsmittel.«[7]

Nach Mitternacht stirbt der 41-jährige Hugo am 14. September 1927 an Herzversagen und es ist beeindruckend, wie Emmy sein Sterben begleitet: »Ich legte mein warmes Gesicht an das seine, schmiegte mich an ihn an [...]. Es war ja mein Geliebter, den ich an mich hielt. Sein Haupt schien schwerer in meinem Arm zu ruhen, es sank nieder an meine Schulter. Das war Hugo, und seine Stimme veränderte sich [...], jedes Wort kam langsam, fiel wie zögernd von den bleichen Lippen. [...] ›Schlafe. Schlafe nur. Schlaf gut, mein Liebling. Hugo. Du wirst es mir ein andermal sagen.‹ Er hauchte ›Ja‹, und alles sank zurück. Zurück in den Frieden der Ewigkeit, aus dem wir alle stammen.«[8]

Morgens um 7.30 Uhr sendet Emmy die Todesnachricht per Telegramm an Hesse: ›Steffgen heute Nacht in den Himmel gegangen – kommen Sie sofort.‹ Hesse eilt zur Witwe und betrachtet den Verstorbenen: ›ein schöner, hagerer Heiliger‹. Ball wird in einem weißen Sarg, der mit goldenen Sternen geschmückt ist, aufgebahrt, um seine Hände geschlungen ist ein Rosenkranz und über seinem Herzen liegt ein Kreuz. Den ganzen Tag kommen Priester, um am offenen Sarg zu beten. Hesse steht der Freundin zur Seite und organisiert mit Freunden alles Notwendige: Medizinisch betreut Josef Lang die Witwe, die wie erstarrt und untröstlich ist, während Joseph Englert sich um das Grab auf dem Friedhof von Gentilino kümmert.

Zwei Tage später wird die Totenmesse in der Kirche von San Abbondio gehalten: Emmy, Annemarie, Hesse, Carla Fassbind und Huelsenbeck sitzen in der ersten Reihe. Nach dem Gottesdienst wird der Sarg von der Kirche über den mit Zypressen gesäumten Weg zum Friedhof getragen. Hesse beschreibt die Beerdigung: »Da war bei stürzendem Wolkenbruch eine sehr kleine und sonderbare Trauergesellschaft beisammen, zu sechsen trugen wir hinter dem Sarge lange Wachskerzen daher, denn die Bestattung war feierlich katholisch. Von den sechs Kerzenträgern war einer ein exkommunizierter Katholik, drei waren fanatische Freigeister [...]. Wir standen frierend, verlegen und recht dumm herum mit unserem Unglück.«[9]

Nach der Beerdigung beobachtet Huelsenbeck die erschütterte Emmy: »Man musste ihr die nasse Kleidung ausziehen. Sie lebte in anderen Welten, obwohl ihr Kopf, ihre Hände und Beine am Tisch saßen. Eine tragische Figur, wie ich nie eine gesehen habe. Ihr Leben war zu Ende. Der Mann, der sie zur Madonna gemacht, sich ihre Weltanschauung angeeignet, den sie so tief beeinflusst hatte, dass er ihr Leben lebte wie sein eigenes, war soeben in nasser Erde versenkt worden.«[10]

Am Abend ist Emmy mit ihrer Kraft am Ende und Hesse lädt sie und Annemarie ein, die Nacht bei ihm zu verbringen: Sie machen sich auf den Weg zu Hesse nach Montagnola. »Wir gingen am Friedhof vorüber, und die Tür war geschlossen. […] Ich musste recht sinnen und sehnen, wo Hugo eigentlich ist. Wir haben Worte und sagen Himmel und sagen vom Geist, der weiterlebt, und das kann der Trost sein, manchmal. Mir aber fehlte und fehlt etwas, das ich nicht nennen kann, und ist anderes Heimweh als sonst.«[11]

Sie verbringen den Abend zusammen, essen eine Kleinigkeit, sitzen vor dem Kamin, sprechen miteinander und Hesse liest aus ›Narziß und Goldmund‹ vor. Am gleichen Tag noch schreibt Hesse einen bewegenden Nachruf auf Hugo Ball: »Lieber Hugo Ball. Da wir Dich jetzt in dein Grab gelegt und von Deinem lieben Anblick Abschied genommen haben, wollen wir uns nochmals dankbar dessen erinnern, was Du uns gewesen bist. Du warst uns nicht nur ein zuverlässiger, hochherziger und nachsichtiger Freund, ein lieber und überlegener Kollege, dazu ein prachtvoller Kamerad und Gegner für Stunden und Nächte des Plauderns, des Disputierens, des dialektischen Spiels. […] Du warst viel mehr. Du warst ein Vorbild. […] Wie waren wir Dir dankbar für den heißen, rücksichtslosen Wahrheitsdrang deiner Zeitkritik! Und wie dankbar und glücklich atmeten wir die wahrhaft magische Atmosphäre deiner Heiligenleben. Und neben Deinen Büchern und Gedanken stand Dein Leben, Dein eigenes armes, tapferes Asketenleben: dem Geiste dienend, der Welt abgewandt, von der Welt verachtet.«[12]

Zwei Wochen nach Hugos Tod verlassen Emmy und ihre Tochter San Abbondio und Agnuzzo, weil sie vor Ort keine Ruhe finden, und reisen nach Baden, um Abstand zu gewinnen.

Die Witwe

»Steffgen hat's gut, braucht sich um nichts zu kümmern.«[1]

Emmy Hennings

Nach einem Aufenthalt in Berlin beginnt Emmy im Februar 1928 in Agnuzzo, aus Briefen, Tagebüchern und Gedichten ein erstes Erinnerungsbuch an Hugo Ball zusammenzustellen. Kreisten ihre bisherigen Bücher um ihr eigenes Leben und ihre Erlebnisse, leistet sie nun Trauerarbeit, was sie emotional sehr belastet: »Ich werde nie verschmerzen können, dass mein Hugo es so schwer gehabt hat und jetzt, da ich alles noch einmal durchgehe, hab ich einen Tränensturz nach dem anderen.«[2] Diese Auseinandersetzung mit dem Leben und Werk ihres Mannes lässt sie ihre aktuelle Verzweiflung und Todessehnsucht überwinden.

Sie versteht sich als Hüterin des Werkes ihres Mannes, was sie mit den Worten begründet: »Ball selbst war kein eigentlicher Dichter [...]. Er war Denker, Kritiker seiner Zeit, Konvertit, und ich als seine Frau muss ihn als solches nehmen und bedenken und dürfte nicht eine jugendliche Zufalls- und Übungsarbeit [...] als etwas besonders Typisches für Ball bezeichnen und herausgeben.«[3] Sie will ›nicht die frühesten Irrtümer von Hugo der Öffentlichkeit preisgeben‹, deshalb wählt sie die Gedichte und Briefe Hugos sorgfältig aus und stellt sie nach ihren Vorstellungen zusammen. Sie kürzt Texte und interpretiert Balls Leben in ihren Erinnerungen wie eine Hagiografin unter dem Aspekt der Konversion und des Weges zu Gott. Auch versucht sie, die Beziehungsprobleme und Ehekrisen zu beschönigen oder zu verschweigen, nur an wenigen Stellen in Briefen blitzt die traurige Wahrheit auf: »… wir haben ja auch gelitten, uns an Haar und Herz geschleift und gezerrt.«[4]

In den ersten Jahren nach Balls Tod verreist Emmy häufig, oft aufs Geratewohl ins Ungewisse, manchmal ohne Schuhe und Wäsche, dafür aber mit einem Madonnenbild und einer Spieldose: 1928/29 Rom, Neapel, Positano und Paris, 1930 Lesereise durch Deutschland, 1931 Italien und Deutschland, 1932 Rom und Assisi, 1933 Rom, Ischia, Syrakus …

Emmy lebt bei aller Armut und Einschränkung durch Krankheiten sehr intensiv und nicht immer vernünftig. Typisch für ihr unbürgerliches Leben ist ihre Aussage: »Ich finde es unanständig, vorsichtig zu leben, ich kann es nicht.«[5] Zum Leben braucht sie weiterhin Kaffee, Zigaretten, Alkohol, Kino, Bücher, Reisen und Schlaftabletten.

Sie vergisst ihre Freunde nicht. 1934 reist sie nach Berlin, um ihren alten Freund Erich Mühsam im KZ Oranienburg zu besuchen und freizubekommen. Ohne Erfolg, Mühsam wird im KZ ermordet.

Ist sie nicht auf Reisen, wohnt sie im Tessin, aber nie lange an einem Ort. Mietschulden zwingen sie oft, in billigere Unterkünfte umzuziehen, meist in die Nähe von Hermann Hesse, der sie zeitlebens finanziell und moralisch unterstützt. In den zahlreichen Briefen, die sie ihren Freunden schreibt, berichtet sie von ihren schnell wechselnden Befindlichkeiten, von der Todessehnsucht und Lebenslust, von Verletzungen und Empfindlichkeiten, von ihren Geldnöten und Sorglosigkeiten, ihrer Reiselust und den häufigen Krankheiten. Sie nimmt fast jede Arbeit an, sei es als Haushaltshilfe und Fabrikarbeiterin, sie vermietet Zimmer oder wäscht den Gästen die Wäsche. Trotzdem bleibt sie auf Unterstützung angewiesen. Als ihr das Haus in Agnuzzo 1942 gekündigt wird, bekommt sie auf offener Straße einen Schreikrampf, da sie nicht weiß, wie sie ohne Vermietung von Zimmern leben soll.

Sie schreibt, nun unter dem Namen Ball-Hennings, Rezensionen, Gerichtsreportagen und Reisefeuilletons und verfasst autobiografische, religiöse und dem Leben und Werk Hugos gewidmete Bücher sowie Gedichte. Immer wieder versucht sie, Hugo Ball und sein Werk bekannt zu machen, auch bei Vortragsreisen und Rundfunklesungen.

Bis zu ihrem Lebensende spielt der christliche Glaube eine wichtige Rolle in ihrem Leben. »In kritischen Zeiten der Vorsehung Gelegenheit geben, sich zu beweisen, wie selbstverständlich Hilfe zu erwarten, auch wenn's nicht nach Hilfe aussah, das war eine Lebenseinstellung, die ich mir nicht eigentlich durch Erfahrung erworben habe, denn sie war mir wesenseigen.«[6] Sie hat kindliches Vertrauen an den ›lieben Gott‹ und zugleich einen klaren Blick für die Schwächen der Kirche, wie z. B. ihr Schweigen zur Verfolgung der Juden, zum Krieg und zum Nationalsozialismus. Sie liebt den Bilderreichtum, die Rituale und die Heiligen der katholischen Kirche und fühlt sich in ihr geborgen trotz gelegentlicher Zweifel. »Ich kann nicht leben ohne eine unendlich große bewusste Allmacht, die über allem ist.«[7]

Ihr letztes Buch, der Erinnerungsband ›Ruf und Echo‹, der erst 1953 nach ihrem Tod erscheinen wird, ist nochmals dem Leben mit Hugo Ball gewidmet. Emmy Hennings stirbt nach einer Lungenentzündung an ihrem schwachen Herzen am 10. August 1948 in Lugano. Sie wird in Sant'Abbondio in Sichtweite des Sterbehauses ihres Mannes im Grab Hugos beigesetzt wie auch die 1987 verstorbene Tochter Annemarie. Auf dem Grabstein steht der Spruch ›Lux Aeterna Luceat Eis Domine‹. Auch Hermann Hesse, der beste Freund und Unterstützer des Paares, hat auf diesem Friedhof seine letzte Ruhestätte gefunden.

Hugo Ball und Emmy Hennings, ein ›wunderliches Paar‹?

»Es ist ganz unmöglich, dies Leben auf eine rationale Formel zu bringen. Versuchen Sie das lieber gar nicht.«[1]

Hermann Hesse

1928 schreibt Hermann Hesse an Emmy: »Euer Leben, das Ihre und Hugos, wird bald zur Legende werden, [...] so wird man von Hugo und Ihnen wunderliche und tröstliche Sachen erzählen, es wird ein schöner Sagenkreis werden.«[2] Obwohl ich weiß, dass es *die* biografische Wahrheit nicht gibt, braucht das Leben von Hugo Ball und Emmy Hennings nicht zur Legende umgedichtet werden[3], es ist außergewöhnlich und bewegend genug.

Betrachtet man die äußeren Lebensumstände, die Hugo Ball und Emmy Hennings zusammenführen, so wird deutlich, dass sie sich voneinander angezogen fühlen als Menschen, die auf der Suche sind nach Halt und dem Sinn des Lebens. Zum Zeitpunkt ihres Aufeinandertreffens befinden sich beide in einer existenziellen Lebenskrise. Emmy ist unglücklich über ihr Bohème-Leben als drogenabhängige Chansonette mit den rasch wechselnden Liebesbeziehungen und ihren Gefängniserfahrungen.

Der Außenseiter Hugo hingegen ist auf der Suche nach einer Beziehung, die ihn, den vielseitig Begabten, aus seiner Einsamkeit herausführt. Für ihn wird die Begegnung mit Emmy zu seiner großen Liebe. Er gewinnt sie durch Fürsorge, Sensibilität und Zuwendung, was die liebesbedürftige, psychisch labile Emmy beeindruckt und anzieht, obwohl Hugo nicht ihr Traummann ist. R. Huelsenbeck, einer der engsten Freunde Hugos, beschreibt die Veränderung Balls durch die Beziehung mit Emmy sehr eindringlich: »Wie groß der Einfluss dieses schwächlichen Mädchens auf Hugo Ball war, ist gar nicht abzumessen. [...] Sicher ist aber, dass Hugo so stark unter dem Einfluss dieser Frau stand, dass man seine Arbeiten nicht lieben kann, wenn man diesen Einfluss nicht voll und tief begreift.«[4]

Emmy selbst ist lange Zeit psychisch angeschlagen, traumatisiert durch Gefängnisaufenthalte und innerlich zerrissen zwischen Glaubenssehnsucht und Lebenshunger. Hinter ihrer Exzentrik und Ruhelosigkeit verbirgt sich die Sehnsucht, um ihrer selbst willen geliebt zu werden. Sie entdeckt in Hugo, dass jemand in existenziell schwierigen Grenzsituationen bedingungslos für sie da ist. Im Durcheinander des Krieges, ihrer Affären und Süchte sehnt sie sich nach dieser Sicherheit und Geborgenheit.

Das alltägliche Zusammenleben erweist sich aber als überaus schwierig. In den ersten Jahren steht ihre Beziehung immer wieder kurz vor dem Scheitern, weil ihre Charaktere und Lebenseinstellungen zu unterschiedlich sind. Zeitlebens leben sie außerhalb der bürgerlichen Gesellschaft, immer am Rande des Existenzminimums. Sie brauchen sich, um zu überleben.

Die Schriftstellerei wird für Emmy zum Rettungsanker und Mittel, ihre Erlebnisse und Krisen zu bewältigen. Sie ist eine der Ersten, die über eigene Erfahrungen mit Prostitution, Drogen und Gefängnis schreibt. Das gemeinsame ›Büchermachen‹ verbindet sie zeitlebens, sie sind Schriftsteller, die sich gegenseitig unterstützen, anspornen und anerkennen. Sie reiben sich nicht – wie viele andere Künstlerpaare – in Konkurrenzdramen auf, sondern sie ergänzen und fördern sich.

Ein Schlüssel, um die Persönlichkeit Emmys zu verstehen, findet sich in ihrem Buch ›Brandmal‹: ›Mein einziger Beruf ist, das zu erlernen, was ich bin.‹ Sie besitzt eine tiefe Sehnsucht, die eigenen, widersprüchlichen Vielfachheiten zu verstehen und ihrer inneren Zerrissenheit Herr zu werden.

Hugos und Emmys Liebesbeziehung ist ein ständiges Auf und Ab, denn bei Emmy, die sich nach Jahren des Zusammenlebens eingeengt fühlt durch Hugos Liebe und Fürsorge, bricht der Wunsch nach Ungebundenheit und Freiheit immer wieder auf. Er aber hält an seiner Liebe zu dieser unsteten Frau fest bis zur Selbstaufgabe. Er ist ihr emotional verfallen, von ihr abhängig und kämpft um sie, trotz ihrer Liebesaffären. Liebeskonflikte statt Künstlerrivalitäten kennzeichnen ihre Beziehung in den ersten Jahren.

Es bedarf einer lebensbedrohlichen Krankheit, damit sich Emmy für eine Ehe mit Hugo entscheidet. Sie sucht nun die Sicherheit einer festen Verbindung und möchte das unstete Leben mit Liebschaften und Kabarettauftritten hinter sich lassen. In Balls Liebe findet sie Geborgenheit und Anerkennung um ihrer selbst willen. Für Ball ist die Ehe die Besiegelung seiner Liebe, auf die er lange gehofft hat.

Für eine Frau zu Beginn des 20. Jahrhunderts führt Emmy ein erstaunlich selbstbestimmtes Leben, auch in der Ehe mit Hugo, indem sie ihr eigenes Geld verdient, eigene literarische Projekte verfolgt und immer wieder alleine auf Reisen geht. Sie fürchtet Sesshaftigkeit als Begrenzung. Aber ihre Sicht auf ›die wahre Bestimmung einer Frau‹ bleibt traditionell. Sie folgt Balls abrupten ›Kehrtwendungen‹, sei es als Dramaturg, Kriegsfreiwilliger, Pazifist, Dadaist, politischer Journalist oder als religiöser Schriftsteller. Sein Handeln ist oft Herausforderung und Zumutung zugleich, denn alles, was Ball aufgreift, treibt er ins Extrem. Sie macht ihm seine vielen Misserfolge nicht zum Vorwurf. Er hingegen entdeckt hinter der Frau die Dichterin, erträgt geduldig ihre Unausgeglichenheiten und Widersprüche und sorgt sich um ihre angegriffene Gesundheit.

Während Hugo hilft, ihre schriftstellerische Begabung zu entwickeln und von den Drogen loszukommen, begleitet Emmy ihn aus seiner ›geistigen Obdachlosigkeit‹ zum katholischen Glauben. Schon früh ist Emmy davon überzeugt, dass es für eine Beziehung neben Leidenschaft auch eines gemeinsamen Glaubens bedarf. Sie selbst lebt ihren Glauben zeitlebens sehr suggestiv und eindringlich. In der Begegnung mit Hugo erfüllt sich ihr Herzenswunsch nach Glaubensgemeinschaft, während Hugo in Emmy eine Frau sieht, die auf dem Weg vorangeht, den er selber sucht.

Nach seiner Hinwendung zum Katholizismus lebt Ball, der radikal dem einmal als richtig Erkanntem folgt, nicht die gemäßigte, bürgerliche Version des Glaubens, sondern einen integralen Katholizismus.

Durch die Hinwendung zum Glauben bekommt das Leben der beiden – neben ihrer Liebe – ein Ziel und den lange gesuchten Lebenssinn. Auch wenn Emmy im Nachhinein ›Hugo Balls Weg zu Gott‹ stark verklärt, wird der Glaube zur Basis ihres Zusammenlebens, der sie trägt und schwierigste Situationen meistern lässt. Balls Weggefährten hingegen sehen in seiner Hinwendung zum mystisch-asketischen Katholizismus einen schwer zu erklärenden Skandal.

Trotz des gemeinsamen Glaubens ist die Beziehung der beiden auch von heftigen Konflikten gekennzeichnet wie Eifersucht, mangelndem Einfühlungsvermögen, Streit ums Geld, Fremdgehen und gegenseitigem Unverständnis. Zeitlebens leidet die psychisch labile Emmy unter übersteigerten Schuldgefühlen und Selbsthass, Depressionen und psychosomatischen Erkrankungen. Der oft selbstquälerische Pessimist Hugo verfolgt viele seiner Ideen kompromisslos und eigensinnig gegen den Rat seiner Frau und bleibt zeitlebens ein intellektueller Querkopf, dem Erfolg und materielle Sicherheit unwichtig sind.

Künstlerbeziehungen sind oft ›Konstellationen des Unglücks‹. Das Paar Emmy und Hugo lebt trotz aller Dramatik und Krisen eine Kombination von Liebe, Glaube und Künstlertum, wie man sie selten findet. Ihr künstlerisches Schaffen wird nicht zum Hindernis für die Paarbeziehung wie bei sehr vielen Künstlerpaaren, sondern Antrieb, es immer wieder miteinander zu versuchen.

Die Werke von Hugo Ball und Emmy Hennings sind heutzutage weitgehend vergessen. Emmy Hennings gehört mit Else Lasker-Schüler und Claire Goll zu den bemerkenswerten Schriftstellerinnen der Avantgarde. Ihre Gedichte sind es wert, wiederentdeckt zu werden. Von der Literaturwissenschaft wird bis heute nur die Bedeutung Balls als Mitbegründer der Dada-Bewegung und Hesse-Biograf wahrgenommen, sein politischer Kampf gegen Militarismus und Nationalismus ist aber ebenso vergessen wie seine Endeckungen der asketisch-mystischen Tradition des Katholizismus.

Trotz Hesses Warnung: »Es ist ganz unmöglich, dies Leben auf eine rationale Formel zu bringen. Versuchen Sie das lieber gar nicht«[5], bleibt es faszinierend, sich mit dem ungewöhnlichen und tapferen Leben von Emmy und Hugo zu beschäftigen. Es ist ereignisreich und spannend genug, um gesondert betrachtet zu werden. Das Paar lebt eine außergewöhnliche Liebesgeschichte, wie man sie selten findet. Ihre Biografie ist das bewegende Zeugnis einer Existenz jenseits von Konventionen, materieller Sicherheit und Zeitgeist auf der Suche nach Lebenssinn, Glaube und Liebe im Labyrinth des Lebens.

Anmerkungen

Mit einfachen ›Anführungszeichen‹ sind solche Zitate im Text gekennzeichet, die nicht mit Literaturangaben belegt werden

Vorwort

1 Ball-Hennings: Rebellen. In: H.-B.-Almanach Bd. 19/1995, S. 38
2 Claire Goll: Hugo Ball und Emmy Hennings. In: Ball-Hennings: Katalog, S. 122
3 Emmy Hennings an Tristan Tzara, 17.03.1917, in: Schrott: Dada 15/25, S. 90
4 Ball-Hennings: Blume, S. 11

»Bittc, gcbcn Sic mir dcn Saal. Ich möchte ein Cabaret machen!«

1 Hugo Ball: Einleitung. In: ›Cabaret Voltaire‹. Mai 1916. Faksimile. In: Ball-Hennings: Katalog, S. 111
2 Hugo Ball: Einleitung. In: ›Cabaret Voltaire‹. Mai 1916. Faksimile. In: Ball-Hennings: Katalog, S. 111
3 NZZ 3.2.1916, in: Sheppard: Dada, Zürich, S. 8
4 Huelsenbeck: Das Cabaret Voltaire. In: Huelsenbeck: Reise. Zit. in: Ball-Hennings: Katalog, S. 119

Emmy Hennings: Kindheit in Flensburg und Leben in der Bohème

1 Ball-Hennings: Spiel, S. 11
2 Schütt-Hennings: Anmerkungen, S. 8
3 Ball-Hennings: Blume, S. 70
4 Ball-Hennings: Spiel, S. 11
5 Ball-Hennings: Spiel, S. 38
6 Ball-Hennings: Spiel, S. 58
7 Ball-Hennings: Spiel, S. 131
8 Ball-Hennings: Spiel, S. 121
9 Korol vermutet, dass Emmy als junges Mädchen von einem Nachbarn oder Arbeitgeber missbraucht worden sei, ohne hierfür einen Beleg bieten zu können. Vgl. Korol: Präexistenz, S. 81
10 Ball-Hennings: Helle Nacht, S. 13

11 E. Hennings: Brief an Rudolf Reinhold Junghanns, August 1912. In: Ball-Hennings: Katalog, S. 65
12 Mühsam: Tagebücher Bd 1 (1910–1911) S. 118
13 Annemarie Schütt-Hennings: Emmy Ball-Hennings. In: Ball-Hennings: Briefe an Hesse, S. 10
14 Ball-Hennings: Helle Nacht, S. 45
15 Ball-Hennings: Spiel, S. 172
16 Ball-Hennings: Ruf, S. 34

Hugo Ball: Kindheit, Studium und Theater

1 Hermann Hesse: Vorwort. In: Ball-Hennings: Hugo Ball, S. 9
2 Hofmann: Erinnerungen, S. 94
3 Ball: Flucht, S. 13

Erste Bekanntschaft einer Kabarettsängerin und eines Theaterregisseurs

1 Ball-Hennings: Rebellen. In: H.-B.-Almanach Bd. 18/1994, S. 83
2 Ball-Hennings: Rebellen. In: H.-B.-Almanach Bd. 18/1994, S. 83–84
3 Ball-Hennings: Ruf S. 38f.
4 Ball-Hennings: Rebellen. In: H.-B.-Almanach Bd. 18/1994, S. 75
5 Ball-Hennings: Rebellen. In: H.-B.-Almanach Bd. 18/1994, S. 76
6 Ball-Hennings: Spiel, S. 177
7 Ball-Hennings: Rebellen. In: H.-B.-Almanach Bd. 18/1994, S. 79
8 Im Gedicht wird der Geschlechtsakt mit einer Exekution verglichen, wobei der ausführende Mann als Henker gesehen wird
9 Ball-Hennings: Rebellen. In: H.-B.-Almanach Bd. 18/1994, S. 79
10 Ball-Hennings: Spiel, S. 179f.
11 Ball-Hennings: Spiel, S. 180
12 Ball-Hennings: Spiel, S. 180
13 Ball-Hennings: Ruf, S. 49
14 Ball-Hennings: Spiel, S. 181
15 Ball-Hennings: Rebellen. In: H.-B.-Almanach Bd. 18/1994, S. 76f.
16 Ball-Hennings: Rebellen. In: H.-B.-Almanach Bd. 18/1994, S. 77
17 Ball-Hennings: Spiel, S. 182
18 Ball-Hennings: Ruf, S. 39
19 Ball-Hennings: Ruf, S. 47

Getrennte Wege und Wiedersehen im Gefängnis

1 Ball: Flucht, S. 27
2 Ball: Briefe 1904–1927. Bd. 1 Nr. 52 u. 53, S. 62f

3 Ball-Hennings: Rebellen. In: H.-B.-Almanach Bd. 18/1994, S. 94
4 Von Ball ist ein einziges kriegsverherrlichendes Gedicht überliefert: »Glanz um die Fahne« (1914).
5 Ball: Briefe 1904–1927. Bd. 1 Nr 59, S. 67
6 Mühsam: Tagebücher, S. 105f.
7 Ball-Hennings: Gefängnis, S. 74
8 Ball: Briefe 1904–1927. Bd. 1 Nr 61, S. 69
9 Im ›Kindsein‹, z. B. als kindlich wirkende Emmy Hennings, sieht Ball den Schlüssel für das wahre Leben, was sich mehrfach in seiner Lyrik widerspiegelt. Vgl. Eckhard Faul: Nachwort. In: Ball: Gedichte, S. 321ff.
10 Ball-Hennings: Rebellen. In: H.-B.-Almanach Bd. 18/1994, S. 88
11 Ball-Hennings: Katalog, S. 86
12 Immer wieder finden sich bei Biografen Fantasien (!) über die Art der sexuellen Beziehung zwischen Ball und Hennings. Z. B. vermutet Reetz, dass Emmy sich Hugo sexuell verweigerte, denn sie suchte in Hugo nur den ›Mönch und Priester‹ und der ›soll und will im Zölibat leben‹. Reetz: Ball-Hennings Biografie, S. 135f
13 Ball-Hennings: Spiel, S. 186
14 Ball: Briefe 1904–1927. Bd. 1 Nr 62, S. 70
15 Huelsenbeck: Reise, S. 62f.
16 Ball-Hennings: Rebellen. In: H.-B.-Almanach Bd. 19/1995, S. 3
17 Claire Goll: Hugo Ball und Emmy Hennings. In: Ball-Hennings: Katalog, S. 122

Emigration in der Schweiz: Leben am Existenzminimum in Tingel-Tangel-Kneipen

1 Ball: Briefe 1904–1927. Bd. 1 Nr. 106, S. 134
2 Ball-Hennings: Ruf, S. 62
3 Ball-Hennings: Ruf, S. 14
4 Ball-Hennings: Hugo Ball, S. 82
5 Ball-Hennings: Rebellen. In: H.-B.-Almanach Bd. 19/1995, S. 56
6 Ball-Hennings: Balls Weg, S. 50f.
7 Bundesarchiv Bern. Bestandsnr. E 27. Archiv-Nr. 1377, zitiert in: Ball-Hennings: Katalog, S. 109f
8 Ball-Hennings: Rebellen. In: H.-B.-Almanach Bd. 19/1995, S. 38
9 Ball-Hennings: Balls Weg, S. 61
10 Ball: Flucht, S. 53
11 Schad: Realitäten, S. 20
12 Reetz: Hesse, Hennings, Ball Briefwechsel, S. 511
13 Ball: Briefe 1904–1927. Bd. 1 Nr. 120, S. 156

14 Schad: Realitäten, S. 21f.
15 Ball: Flucht, S. 49
16 Huelsenbeck: Reise, S. 94
17 Ball: Briefe 1904–1927. Bd. 1 Nr. 82, S. 95

Dada: Die Erfindung einer neuen Kunstrichtung trotz Hunger und Armut

1 Arp: Traum, S. 51
2 Ball: Flucht, S. 167
3 Ball: Flucht, S. 79
4 Ball/Hennings: Damals in Zürich, S. 42
5 Bis heute streiten sich Literaturwissenschaftler über den Ursprung des Namens ›Dada‹. Für E. Teubner erscheint der Eintrag von Ball in der »Flucht aus der Zeit« plausibel, dass Ball und Huelsenbeck das Wort DADA beim Durchblättern eines Wörterbuchs fanden. Das Wort Dada wird jedenfalls erstmals im Vorwort des »Propagandaheft[s] für die Kneipe ‚Cabaret Voltaire« (S. 5) dokumentiert. Später reklamieren Hugo Ball, Richard Huelsenbeck, Tzara und auch Emmy Ball-Hennings die Namensfindung »Dada« für sich. (Vgl. Karl Riha: Dada Zürich, S. 169)
6 Huelsenbeck: Mit Witz, S. 33
7 Ball: Briefe 1904–1927. Bd. 1 Nr. 154, S. 205
8 Huelsenbeck: ›Das Cabaret Voltaire‹, in: Ball-Hennings: Katalog, S. 120
9 Ball-Hennings: Rebellen. In: H.-B.-Almanach Bd. 19/1995, S. 53
10 Ball: Briefe 1904–1927. Bd. 1 Nr. 88, S. 106
11 Ball-Hennings: Ruf S. 88
12 Ball: Briefe 1904–1927. Bd 1. Nr. 154, S. 205
13 Ball-Hennings: Balls Weg, S. 64
14 Ball: Flucht, S. 86
15 Ball: Flucht, S. 106
16 »Die frühchristliche Glossolalie, das so genannte Zungenreden, d. h. das ekstatische Hervorbringen von fremdartigen Sprachlauten und Wortneubildungen, besitzt mit ihren ritualisierten und theatralischen Elementen eine gewisse Nähe zu Balls Lautpoesie.« Eckhard Faul: Nachwort. In Ball: Gedichte, S. 309f.
17 Abdruck des Textes in: Karl Riha: Dada, Zürich, S. 30
18 Annemarie berichtet, dass Paula vor ihrer Abreise in die Schweiz als Letztes sagte: »Ihr seid verflucht und ihr werdet noch alle im Straßengraben umkommen.« In: Pelgen: Schütt-Hennings, S. 142
19 Ball: Flucht, S. 98
20 Ball: Briefe 1904–1927. Bd. 1 Nr. 104, S. 128
21 Ball: Briefe 1904–1927. Bd. 1 Nr. 91, S. 113

Statt Dada: das ›Büchermachenspiel‹

1 Ball: Flucht, S. 109f.
2 Ball: Briefe 1904–1927. Bd. 1 Nr. 106, S. 135
3 Ball: Briefe 1904–1927. Bd. 1 Nr. 100, S. 122f.
4 Ball-Hennings: Ruf S. 105
5 Ball: Briefe 1904–1927. Bd. 1 Nr. 104, S. 130
6 Ball: Briefe 1904–1927. Bd. 1 Nr. 113, S. 148
7 Ball: Flucht, S. 110/111
8 Vgl. Ball: Die religiöse Konversion, S. 346f.
9 Ball: Briefe 1904–1927. Bd 1. Nr. 103, S. 128
10 Ball/Hennings: Damals in Zürich, S. 72f.
11 Ball: Briefe 1904–1927. Bd. 1 Nr. 113, S.148f.

Erneute Faszination für Dada

1 Ball: Briefe 1904–1927. Bd. 1 Nr. 99, S. 111
2 Ball: Briefe 1904–1927. Bd. 1 Nr. 120, S. 156
3 Ball: Briefe 1904–1927. Bd. 1 Nr. 116, S. 151f.
4 Ball-Hennings: Hugo Ball, S. 25
5 Clauser: Dada, S. 47–51
6 Clauser: Dada, S. 51
7 Ball: Briefe 1904–1927. Bd. 1 Nr. 127, S. 165
8 Ball: Briefe 1904–1927. Bd. 1 Nr. 123, S. 160
9 Emmy Hennings an Tristan Tzara, 17.03.1917, in: Schrott: Dada 15/25, S. 90
10 Emmy Hennings an Tristan Tzara, 19.5.1917, in: Schrott: Dada 15/25, S. 135
11 Emmy Hennings an Tristan Tzara, 19.5.1917, in: Schrott: Dada 15/25, S. 135
12 Ball: Briefe 1904–1927. Bd. 1 Nr. 131 und 133, S. 171–174
13 Ball-Hennings: Ruf, S. 100
14 Ball: Flucht, S. 91. Balls Mitstreiter trugen den Dadaismus in die Welt, so z. B. Tzara nach Paris oder Huelsenbeck nach Berlin. Es entwickelte sich eine Kunstrichtung, die eine weltweite Auswirkung auf alle Bereiche der Kunst hatte, auf Malerei, Literatur, Theater, bildende Kunst, Musik, Film, Fotografie und Tanz.
15 Vgl. Ball: Kandinsky, S. 41–53
16 Ball: Briefe 1904–1927. Bd. 2 Nr. 589, S. 239
17 Ball-Hennings: Rebellen. In: H.-B.-Almanach Bd. 15/1991, S. 75

Ein Paar in der Krise

1 Ball-Hennings: Ruf, S. 62
2 Ball: Flucht, S. 252
3 Ball-Hennings: Balls Weg, S. 50
4 Ball: Briefe 1904–1927. Bd. 1 Nr. 143, S. 186
5 Ball: Briefe 1904–1927. Bd. 1 Nr. 165, S. 222
6 Hans Richter ›Cabaret Voltaire‹ in: Ball-Hennings: Katalog, S. 122
7 Emmy Hennings an Hugo Ball. Nachlass o. D. In: Reetz: Ball-Hennings Biografie, S. 182
8 Ball: Briefe 1904–1927. Bd. 1 Nr. 165, S. 221
9 Ball: Briefe 1904–1927. Bd. 1 Nr. 167, S. 223f
10 Annemarie Schütt-Hennings bestreitet diesen Sachverhalt: »In dem Briefbuch ›Damals in Zürich‹ schrieb Hans Richter (S. 174) von einem Revolver, mit dem Hugo Ball auf der Suche nach Emmy Hennings einen jungen Spanier bedroht haben soll und schildert einen ›Sachverhalt‹, der mit dem, was sich in Wirklichkeit abgespielt hat, überhaupt nicht übereinstimmt. Tatsache ist, dass Hugo Ball keinen Revolver besaß und von Bern, wo er arbeitete, nach Zürich gekommen war, um nach Emmy Hennings und der kleinen Annemarie zu sehen. Der Spanier hingegen [...] hatte einen Revolver und hatte gedroht, sich damit umzubringen, falls Emmy Hennings ihn nicht heirate.« Schütt-Hennings: Anmerkungen, S. 17
11 Richter: Dada, S. 72
12 Ball: Briefe 1904–1927. Bd. 1 Nr. 178, S. 241
13 Emmy Hennings an Hugo Ball. In: Nachlass o.D. In: Reetz: Ball-Hennings Biografie, S. 186f.
14 Ball: Briefe 1904–1927. Bd. 1 Nr. 186, S. 254f.
15 Ball-Hennings Rebellen. In: H.-B.-Almanach Bd. 15/1991, S. 93
16 Emmy Hennings an Hugo Ball. Nachlass o. D. In: Reetz: Ball-Hennings Biografie, S. 187
17 Ball: Briefe 1904–1927. Bd. 1 Nr. 203, S. 287
18 Ball: Briefe 1904–1927. Bd. 3, S. 260
19 Ball: Briefe 1904–1927. Bd. 1 Nr. 211, S. 302
20 Ball-Hennings: Hugo Ball S. 73
21 Vgl. hierzu Baumberger: Erlöserfiguren S. 212ff. und Schaub: Nachwort. In: Ball: Briefe 1904–1927. Bd 3, S. 722f.
22 Ball: Briefe 1904–1927. Bd. 1 Nr. 189, S. 259
23 Ball-Hennings: Hugo Ball, S. 64f.

Hugo als politischer Journalist und Eheschließung

1 Claire Goll: Ich verzeihe keinem, S. 69
2 Ball-Hennings: Rebellen. In: H.-B.-Almanach Bd. 15/1991, S. 96
3 Ball kritisiert z.B. Luthers Verhältnis zur politischen Obrigkeit: Die postulierte Freiheit eines Christenmenschen ende darin, dass der Herrscher den Glauben seiner Untertanen bestimme: cuius regiio – eius religio.
4 Ball wendet sich nicht gegen die Philosophie Kants, sondern gegen Kants Forderung, sich als Bürger dem Staat zu unterwerfen.
5 Hugo Ball: Reformation, S. 226
6 Die überschwängliche Kriegbegeisterung deutscher Intellektueller zeichnet Kurt Flasch nach: Die geistige Mobilmachung. Die deutschen Intellektuellen und der Erste Weltkrieg, Berlin 2000
7 Ball-Hennings: Hugo Ball, S. 75
8 Ball: Briefe 1904–1927. Bd. 1 Nr. 196, S. 277
9 Emmy Hennings an Hugo Ball. Nachlass o. D. In: Reetz: Ball-Hennings Biografie, S. 190f
10 Ball-Hennings: Rebellen. In: H.-B.-Almanach Bd. 15/1991, S. 102
11 Korol spekuliert über ein mögliches Verhältnis von Bloch und Emmy Hennings, »dass Bloch Ball mit Emmy Hennings betrog.« Korol: Prä-exil, S. 434. Die Freundschaft zwischen Bloch und Ball sei dadurch zerbrochen. Hierfür gibt es aber keine stichhaltigen Belege.
12 Ball-Hennings: Ruf, S. 129
13 Ball: Briefe 1904–1927. Bd. 1 Nr. 224, S. 310f
14 Ball: Flucht, S. 228
15 Ball: Flucht, S. 231
16 Balls parteipolitische Sympathien lagen bei der USPD und beim ermordeten Ministerpräsidenten der Münchener Räterepublik, Kurt Eisner. Vgl. hierzu Gerhard Schaub: In: Ball: Briefe 1904–1927. Bd. 3, S. 715
17 Ball-Hennings: Rebellen. In: H.-B.-Almanach Bd. 15/1991 S. 103
18 Ball: Flucht, S. 233

Gescheiterter Neuanfang in Flensburg – Hugo auf dem Weg zu Gott

1 Ball: Briefe 1904–1927. Bd.1 Nr. 238, S. 320
2 Ball: Flucht, S. 256
3 Ball-Hennings: Ruf, S. 122
4 Ball-Hennings: Ruf, S. 129
5 Ball-Hennings: Ruf, S. 133

6 Ball-Hennings: Ruf, S. 134
7 Ball-Hennings: Ruf, S. 136
8 Ball-Hennings: Hugo Ball, S. 65
9 Ball-Hennings: Ruf, S. 143
10 Emmy Ball-Hennings: Tagebuchnotiz vom 27.12.1919, Nachlass unveröffentlicht
11 Ball: Flucht, S. 266
12 Huelsenbeck: Mit Witz, S. 9–11
13 E. Faul weist zu Recht den häufig erhobenen Vorwurf gegen Emmy Hennings zurück, sie habe »in ihren Erinnerungsbüchern ihren Mann Hugo Ball von Beginn [...] an zu sehr unter religiösem, katholischem Einfluss gesehen.« Faul: Nachwort. In: Ball Gedichte, S. 325
14 Ball: Flucht, S. 256
15 Ball: Byzantinisches Christentum, S. 223
16 Vgl. hierzu Ball: Konversion, S. 342ff.
17 Huelsenbeck: Mit Witz, S. 30
18 Ball-Hennings: Ruf, S. 148
19 Ball: Flucht, S. 265

Zurück in der Schweiz: Hugos Beschäftigung mit dem Katholizismus

1 Ball: Briefe 1904–1927. Bd. 2 Nr. 608, S. 265
2 Ball-Hennings: Balls Weg, S. 87
3 Ball: Flucht, S. 276
4 Ball-Hennings: Ruf, S. 159
5 Ball: Flucht, S. 276
6 Ball: Flucht, S. 277
7 Ball: Flucht, S. 39
8 Ball: Briefe 1904–1927. Bd. 1 Nr. 261, S. 335
9 Ball: zit. in: Ball-Hennings: Balls Weg, S. 88
10 Ball-Hennings: Hugo Ball, S. 117
11 Ball-Hennings: Rebellen. In: H.-B.-Almanach Bd. 16/1992, S. 3
12 Ball: Flucht, S. 284

Eine schicksalhafte Begegnung mit Folgen: Hermann Hesse

1 E. Hennings: Begegnung mit Hermann Hesse, in: Vaterland 8. Mai 1936
2 Ball: Flucht, S. 278
3 Hesse, Hermann: Einleitung. In: Ball-Hennings: Hugo Ball, S. 14f.
4 Ball: Flucht, S. 289

5 Ball-Hennings: Rebellen. In: H.-B.-Almanach Bd. 16/1992, S. 16
6 Vgl. hierzu Wacker: Teufel, S. 139
7 Hugo Ball: Tagebuch 5.1.1925. Zitiert in: Ball-Hennings: Rebellen. In: H.-B.-Almanach Bd. 17/1993, S. 30
8 Hesse: SW Bd. 11, S. 648

Ein enttäuschender Aufenthalt in München 1921/22

1 Ball: Flucht, S. 47
2 Ball: Briefe 1904–1927. Bd. 1 Nr. 277, S. 354
3 Reetz: Hesse, Hennings, Ball Briefwechsel, S. 122
4 Reetz: Hesse, Hennings, Ball Briefwechsel, S. 108
5 Reetz: Hesse, Hennings, Ball Briefwechsel, S. 118
6 Münchener Neueste Nachrichten vom 15.11.1921. In: Ball: Briefe 1904–1927. Bd. 3, S. 327
7 Klabund zitiert in: Reetz: Hesse, Hennings, Ball Briefwechsel S. 136
8 Ball: Briefe 1904–1927. Bd. 1 Nr. 276, S. 353
9 Ball: Briefe 1904–1927. Bd. 1 Nr. 286, S. 364

Aufbruchsstimmung im Tessin

1 Ball: Flucht, S. 294
2 Ball: Briefe 1904–1927. Bd 1. Nr. 303, S. 381
3 Ball-Hennings: Balls Weg, S. 94
4 Ball: Tagebücher. Zit. in: Wacker: Nachwort. Byzantinisches Christentum, S. 500
5 Ball-Hennings: Balls Weg, S. 96

Emmys ›Weglaufsucht‹: Die Reise nach Italien 1923/24

1 Ball-Hennings: Hugo Ball, S. 73
2 Ball-Hennings: Ruf, S. 176
3 Ball: Briefe 1904–1927. Bd. 1 Nr. 353, S. 458
4 Ball-Hennings: Hugo Ball, S.121
5 Ball: Briefe 1904–1927. Bd. 2 Nr. 375, S. 11f.
6 Emmy Hennings: Das Cabaret Voltaire und die Galerie Dada. In: Ball/Hennings: Damals in Zürich, S. 192
7 Ball: Briefe 1904–1927. Bd. 2 Nr. 382, S. 26
8 Im Dezember regelt Ball seine bezahlte Nebenbeschäftigung bei Charles Brown neu. Nach einem ›Handel von etwa 4 Stunden‹ erreicht Hugo, dass er für das wöchentliche Notenaufschreiben der Kompositionen von Robin Brown ›für ein Jahr ein Minimum von 200 Franken im Monat‹ erhält.

9 Ball: Briefe 1904–1927. Bd. 1 Nr 374, S. 510
10 Ball: Briefe 1904–1927. Bd. 2 Nr 385, S. 31
11 Reetz: Hesse, Hennings, Ball Briefwechsel, S. 210
12 Ball-Hennings: Tagebuch vom 10.12.1944. Zit. in: Reetz: Ball-Hennings Biografie, S. 319

Hugo auf ehelichen Abwegen?

1 Ball-Hennings an Herrmann Hesse, Agnuzzo 1924. (Nachlass unveröffentlicht)
2 Ball-Hennings: Balls Weg, S. 118
3 Ball-Hennings an Hermann Hesse, Agnuzzo 1924. (Nachlass unveröffentlicht)
4 Reetz: Hesse, Hennings, Ball Briefwechsel, S. 223
5 Ball: Briefe 1904–1927. Bd. 2 Nr 407, S. 58
6 Reetz: Hesse, Hennings, Ball Briefwechsel, S. 230
7 Ball-Hennings an Hermann Hesse, Neapel, 21.2.1929. (Nachlass unveröffentlicht) In: Reetz: Ball-Hennings Biografie, S. 240

Das Paar in Italien 1924/26: ›Ich habe keine Hoffnung mehr‹

1 Ball-Hennings: Gang, S. 7
2 Ball: Briefe 1904–1927. Bd. 2 Nr. 435, S. 78
3 Ball: Briefe 1904–1927. Bd. 2 Nr. 446, S. 91
4 Vgl. z. B. den Brief an Waldemar Guerian vom 11.2.1925, der eine negative Besprechung in der ›Kölner Volkszeitung‹ veröffentlicht hatte: »Aufgrund welcher Leistungen [...] erlaubt man Ihnen, in einer der ersten katholischen Zeitungen Deutschlands 8 Spalten über ein Buch zu schreiben, das ›Die Folgen der Reformation‹ betitelt ist? [...] Ein Gefühl von Schicklichkeit und Verantwortung [...] müsste Ihnen verbieten, an der Beurteilung deutscher Neuerscheinungen überhaupt mitzuarbeiten«. In: Ball: Briefe 1904–1927. Bd. 2 Nr. 473, S. 119
5 Ball-Hennings an Ruth Hesse, Albori, 28.10.1925 (Nachlass unveröffentlicht)
6 Ball-Hennings: Tagebuch 15.03.1925 (Nachlass unveröffentlicht). In: Reetz: Ball-Hennings Biografie, S. 253
7 Reetz: Hesse, Hennings, Ball Briefwechsel, S. 346
8 Ball: Briefe 1904–1927. Bd. 2 Nr. 589, S. 239
9 Ball: Briefe 1904–1927. Bd. 2 Nr. 588, S. 237
10 Vgl. hierzu Hülsbusch: Balls Flucht. In: H.-B.-Almanach Bd. 6 1982, S. 1–74

11 Das unter dem Titel »Flucht aus der Zeit« später veröffentlichte ›Tagebuch‹ ist kein echtes Tagebuch. Die Gedankenwelt Balls wurde, um sich als katholischer Schriftsteller zu erweisen, den Tagen einfach zugeordnet und in verschiedene Jahre gestreut.
12 Ball: Briefe 1904–1927. Bd. 2 Nr. 590, S. 240f.
13 Reetz: Hesse, Hennings, Ball Briefwechsel, S. 367

Auf der Suche nach einem neuen Anfang

1 Ball-Hennings: Hugo Ball, S. 146
2 Ball: Briefe 1904–1927. Bd. 2 Nr. 607, S. 260
3 Hermann Hesse In: Deutsches Literaturarchiv, Marbach. Hermann-Hesse-Depositum 22.3.1926
4 Ball-Hennings an Hugo Ball: Sorengo, 22.4.1926. In: Ball: Briefe 1904–1927. Bd. 3, S. 562
5 Ball: Briefe 1904–1927. Bd. 2 Nr. 628, S. 281
6 Ball-Hennings: Hugo Ball, S. 213
7 Ball-Hennings: Hugo Ball, S. 214
8 Ball: Briefe 1904–1927. Bd. 2 Nr. 642, S. 309
9 Ball-Hennings in: Ball: Briefe 1904–1927. Bd. 3 Nr. 664, S. 587f.

Biografie über Herrmann Hesse

1 Ball: Briefe 1904–1927. Bd 2. Nr. 729, S. 426
2 Ball: Briefe 1904–1927. Bd 2. Nr. 695, S. 382f.
3 Ball: Briefe 1904–1927. Bd 2. Nr. 700, S. 392
4 Reetz: Hesse, Hennings, Ball Briefwechsel, S. 441–443
5 Ball: Briefe 1904–1927. Bd. 2 Nr. 724, S. 420
6 Reetz: Hesse, Hennings, Ball Briefwechsel S. 456f.
7 Ball: Briefe 1904–1927. Bd. 3, S. 647
8 Ball: Briefe 1904–1927. Bd. 2 Nr. 752, S. 448

›Es wird ein Mann begraben‹

1 Ball-Hennings: Hugo Ball, S. 239
2 Julian Schütt: Zweites Tagebuch, S. 266
3 Ball-Hennings: Ruf, S. 284f.
4 Reetz: Hesse, Hennings, Ball Briefwechsel, S. 509
5 Reetz: Hesse, Hennings, Ball Briefwechsel, S. 511
6 Tagebuch 21.7.1927, in: Hugo Ball: Briefe 1904–1927. Bd. 3, S. 671
7 Ball-Hennings: Balls Weg, S. 186
8 Ball-Hennings: Ruf, S. 296f.

9 Hesse: Gesammelte Briefe. Bd. 2, S. 201. (Brief an H. Weltri vom 23.10.1928)
10 Huelsenbeck: Reise, S. 165
11 Reetz: Hesse, Hennings, Ball Briefwechsel, S. 530
12 Reetz: Hesse, Hennings, Ball Briefwechsel, S. 529

Die Witwe

1 Ball-Hennings: Brief an Ninon Doblin, Agnuzzo, September 1928 (Nachlass unveröffentlicht)
2 Ball-Hennings: Brief an Ninon Doblin 18.1.1929. In: Reetz: Ball-Hennings Biografie, S. 271
3 Ball-Hennings: Brief an Hans Bolliger, 17.3.1947. (Nachlass unveröffentlicht) In: Reetz: Ball-Hennings Biografie, S. 309
4 Ball-Hennings: Brief an Hermann Hesse, Cassina 14.9.1928. (Nachlass unveröffentlicht) In: Reetz: Ball-Hennings Biografie, S. 309
5 Ball-Hennings: Brief an Ninon Dolbin, Positano 15.12.1928 (Nachlass unveröffentlicht) In: Reetz: Ball-Hennings Biografie, S. 309
6 Ball-Hennings: Ruf, S. 133
7 Ball-Hennings: Brief an Hermann Hesse, 16.4.1933 (Nachlass unveröffentlicht)

Hugo Ball und Emmy Hennings, ein ›wunderliches Paar‹?

1 Hesse: Gesammelte Briefe. Bd. 2, S. 270
2 Hermann Hesse: Brief an eine Dichterin. In: Kölnische Zeitung, 22.12.1928. In: Reetz: Hesse, Hennings, Ball Briefwechsel, S. 578
3 Ein unerfreuliches Beispiel einer Legendenbildung bietet Martin Korol, der unterstellt, dass Emmy als Kind vergewaltigt wurde und sich deshalb zeitlebens an den Männern, insbesondere aber an Hugo, rächen wollte. (Vgl. Korol: Präexil, S. 222). Emmy Hennings selbst hat als Hagiografin von Hugo Ball in ›Hugo Balls Weg zu Gott‹ auch an einer Legendenbildung mitgewirkt.
4 Huelsenbeck: Mit Witz, S. 30
5 Hesse: Gesammelte Briefe. Bd. 2, S. 270

Literaturverzeichnis

Werke von Hugo Ball

Ball: Briefe 1911–1927 = Hugo Ball: Briefe. 1911–1927. Hg. von Annemarie Schütt-Hennings. Einsiedeln 1957

Ball: Briefe 1904–1927 = Hugo Ball: Briefe 1904–1927. Hg. und kommentiert von Gerhard Schaub u. Ernst Teubner. 3 Bde. Göttingen 2003 (= Sämtliche Werke und Briefe. Bd. 10.1–3)

Ball: Byzantinisches Christentum = Hugo Ball: Byzantinisches Christentum. Drei Heiligenleben. Hg. und kommentiert von Bernd Wacker. Göttingen 2011 (= Sämtliche Werke und Briefe. Bd. 7)

Ball/Hennings: Damals in Zürich = Hugo Ball; Emmy Hennings: Damals in Zürich. Briefe 1915–1917, Zürich 1978

Ball: Flucht = Hugo Ball: Die Flucht aus der Zeit. Zürich 1992

Ball: Gedichte = Hugo Ball: Gedichte. Hg. und kommentiert von Eckhard Faul. Göttingen 2007 (= Sämtliche Werke und Briefe. Bd. 1)

Ball: Kandinsky = Hugo Ball: Kandinsky. Vortrag gehalten in der Galerie Dada (Zürich 7. April 1917). In: Hugo Ball: Der Künstler und die Zeitkrankheit. Ausgewählte Schriften. Hg. und mit einem Nachwort versehen von Hans Burkhard Schlichting. Frankfurt a. M. 1984, S. 41–53

Ball: Reformation = Hugo Ball: Die Folgen der Reformation. Zur Kritik der deutschen Intelligenz. Göttingen 2005. (= Sämtliche Werke und Briefe. Bd. 5)

Ball: Die religiöse Konversion = Hugo Ball: Die religiöse Konversion. In: Hugo Ball: Der Künstler und die Zeitkrankheit. Ausgewählte Schriften. Hg. und mit einem Nachwort versehen von Hans Burkhard Schlichting. Frankfurt a. M. 1984, S. 336–376.

Werke von Emmy Hennings

Ball-Hennings: Balls Weg = Emmy Hennings-Ball: Hugo Balls Weg zu Gott. Ein Buch der Erinnerung. München 1931

Ball-Hennings: Blume = Emmy Ball-Hennings: Blume und Flamme. Geschichte einer Jugend. Frankfurt a.M. 1987

Ball-Hennings: Briefe an Hesse = Emmy Ball-Hennings: Briefe an Hermann Hesse. Hg. von Annemarie Schütt-Hennings. Frankfurt a.M. 1985

Ball-Hennings: Gang = Emmy Hennings: Der Gang zur Liebe. Ein Buch von Städten, Kirchen und Heiligen. München 1926

Ball-Hennings: Gefängnis = Emmy Hennings: Gefängnis. Berlin 1985

Ball-Hennings: Helle Nacht = Emmy Hennings: Helle Nacht. Gedichte. Berlin 1922

Ball-Hennings: Hugo Ball = Emmy Ball-Hennings: Hugo Ball. Sein Leben in Briefen und Gedichten. Mit einem Vorwort von Hermann Hesse.

Ball-Hennings: Katalog = Emmy Ball-Hennings 1885–1948. »Ich bin so vielfach …« Texte, Bilder, Dokumente. Zsgest. von Bernhard Echte. Frankfurt a.M. 1999. (Katalog der Ausstellung im Museum Strauhof, Zürich, 1999)

Ball-Hennings: Rebellen = Emmy Ball-Hennings: Rebellen und Bekenner. In: Hugo-Ball-Almanach Bd. 15/1991, S. 49–117. Bd. 16/1992, S. 1–17. Bd. 17/1993, S. 1–57. Bd. 18/1994, S. 69–103. Bd. 19/1995, S. 1–61.

Ball-Hennings: Ruf = Emmy Ball-Hennings: Ruf und Echo. Mein Leben mit Hugo Ball. Frankfurt a.M. 1990

Ball-Hennings: Spiel = Emmy Ball-Hennings: Das flüchtige Spiel. Frankfurt a.M. 1988

Reetz: Hesse, Hennings, Ball Briefwechsel = Hermann Hesse, Emmy Ball-Hennings, Hugo Ball: Briefwechsel 1921 bis 1927. Hg. und kommentiert von Bärbel Reetz. Frankfurt/Main 2003

Sekundärliteratur:

Arp: Traum = Hans Arp: Unser täglicher Traum … Erinnerungen und Dichtungen aus den Jahren 1914–1954. Zürich 1955

Baumberger: Erlöserfiguren = Christa Baumberger: ›Auch Gott ist ein Gefängnis‹. Erlöserfiguren in Emmy Hennings' Schriften der 1920er-Jahre. In: In: Hugo-Ball-Almanach Neue Folge 4, 2013, S. 212–233

Braun: Wege = Herbert Braun: Wege aus dem Dadaismus: am Beispiel von Hugo Ball und Kurt Schwitters http://www.woerter.de/hb/texte/ball-schwitters.html

Braun: Hugo Ball = Michael Braun: Hugo Ball – der magische Bischof der Avantgarde. SWR 2 Literatur. Sendung am 15.2.2011, 22.05 Uhr. http://www.swr.de/-/id=7465802/property=download/nid=659892/17pr3ir/swr2-literatur-20110215.pdf

Braun: Der magische Bischof = Michael Braun (Hg.): Hugo Ball. Der magische Bischof der Avantgarde. Heidelberg 2011

Echte: Nachwort = Bernhard Echte: Nachwort zu: Hugo Ball: Die Flucht aus der Zeit. Hg. sowie mit Anmerkungen und Nachwort versehen von Bernhard Echte. Zürich 1992, S. 303–345

Egger: Hugo Ball = Eugen Egger: Hugo Ball. Ein Weg aus dem Chaos. (= Kämpfer und Gestalter 11. Hrsg. v. J. David). Olten 1951

Faul: Nachwort Gedichte = Eckhard Faul: Nachwort in: Hugo Ball: Gedichte. Hg. von Eckhard Faul, Göttingen 2007 (= Sämtliche Werke und Briefe. Bd. 1) S. 293–325.

Faul: Faul Nachwort Dramen = Nachwort in: Hugo Ball: Dramen. Hg. von Eckhard Faul, Göttingen 2008 (= Sämtliche Werke und Briefe. Bd. 2) S. 301–332

Gass: Emmy Ball-Hennings = Gass, René: Emmy Ball-Hennings. Wege und Umwege zum Paradies. Zürich 1998

Glauser: Dada = Friedrich Glauser: Dada, Ascona und andere Erinnerungen. Zürich 1976

Goll, Claire: Ich verzeihe keinem. Bern 1978

Hesse: Gesammelte Briefe = Hermann Hesse: Gesammelte Briefe Bd. 2, Frankfurt am Main 1979

Hesse: SW Bd. 11 = Hermann Hesse: Sämtliche Werke Bd. 11, Frankfurt am Main 2003

Hoellen: Man muss sich verlieren = Burkhard Hoellen: ‚Man muß sich verlieren, wenn man sich finden will. Ein Beitrag zu Hugo Balls Bruch mit Dada. In: Hugo-Ball-Almanach Bd. 15, 1991, S. 120–164

Hofmann: Erinnerungen = August Hofmann: Erinnerungen an Hugo Ball. In: Hugo-Ball-Almanach Bd 21/22, 1997/98, S. 77–120

Hülsbusch: Balls Flucht = Werner Hülsbusch: Hugo Balls Flucht zum Grunde. Die prophetische Existenz eines christlichen Schriftstellers. In: Hugo-Ball-Almanach Bd. 6/1982, S. 1–74

Huelsenbeck: Mit Witz = Richard Huelsenbeck: Mit Witz, Licht und Grütze. Auf den Spuren des Dadaismus. Wiesbaden 1957

Huelsenbeck: Reise = Richard Huelsenbeck: Reise bis ans Ende der Freiheit. Autobiographische Fragmente. Heidelberg 1984

Korol: Präexil = Martin Korol: Deutsches Präexil in der Schweiz 1916–1918. Hugo Balls Dadaismus und Ernst Blochs Oposition von außen gegen die deutsche Politik in der Schweiz während des Ersten Weltkrieges. Bremen 1999

Michels: Hermann Hesse = Volker Michels: Nachwort. In: Hugo Ball: Hermann Hesse. Sein Leben und sein Werk. Hg. von Volker Michels. Göttingen 2006 (= Sämtliche Werke und Briefe. Bd. 8) S. 219–240

Mösser: Flucht vor Dada = Adheinz Mösser: Hugo Ball – Die Flucht vor Dada. In: Hugo-Ball-Almanach 1979, S. 50–85

Mühsam: Tagebücher = Erich Mühsam: Tagebücher. Bd 1–5, Berlin 2011

Pelgen: Schütt-Hennings = Franz L. Pelgen: Annemarie Schütt-Hennings Stationen ihres Lebens und Wirkens. In: Hugo-Ball-Almanach Bd. 11/1987, S. 138–177

Reetz: Rüpelspiel = Bärbel Reetz: Dada war kein Rüpelspiel. Hugo-Ball-Almanach Neue Folge 2/2011, S. 68–85

Reetz: Ball-Hennings Biografie = Bärbel Reetz: Emmy Ball-Hennings. Leben im Vielleicht. Eine Biographie. Frankfurt a. M. 2001

Reetz: Ein wunderliches Paar = Bärbel Reetz: Emmy Hennings und Hugo Ball – »Ein wunderliches Paar«. In: Michael Braun (Hg.): Hugo Ball. Der magische Bischof der Avantgarde. Heidelberg 2011, S. 29–44

Richter: Dada = Hans Richter: Dada – Kunst und Antikunst. Schauberg, 2. ergänzte Aufl. 1970

Riha: Dada Zürich = Karl Riha: Dada Zürich. Texte, Manifeste, Dokumente. Stuttgart 1992

Schad: Realitäten = Christian Schad: Relative Realitäten. Erinnerungen an Walter Serner. Augsburg 1999

Schaub: Nachwort = Gerhard Schaub: Nachwort. In: Ball: Briefe 1904–1927. Bd. 3, S. 701–745

Schütt: Am Anfang = Julian Schütt: Am Anfang: Hugo Ball und Emmy Hennings. In: Die Weltwoche 9/2005. http://www.weltwoche.ch/ausgaben/2005–09/artikel-2005–09-hugo-ball-und-em.html

Schütt: Zweites Tagebuch = Julian Schütt: Hugo Balls »Zweites Tagebuch«. Ein Hinweis. In: Bernd Wacker (Hg.): Dionysius DADA Areopagita. Hugo Ball und die Kritik der Moderne. Paderborn 1996, S. 265–273

Schütt-Hennings: Anmerkungen = Annemarie Schütt-Hennings / Franz Pelgen: Emmy Ball-Hennings. Anmerkungen zu ihrem Werk und ihrer Person. In: Hugo-Ball-Allmanach Bd. 8/1984, S. 1–20

Schrott: Dada 15/20 = Raoul Schrott: Dada 15/25. Innsbruck 1992

Sheppard: Dada Zürich = Richard Sheppard: Dada Zürich in Zeitungen: Cabarets, Ausstellungen, Berichte und Bluffs. Siegen 1992

Süllwoll: Subjekt = Erika Süllwoll: Das gezeichnete und ausgezeichnete Subjekt. Stuttgart 1999

Teubner: Ball Katalog = Ernst Teubner (Hg.): Hugo Ball (1886–1986). Leben und Werk. Katalog zur Ausstellung. Berlin 1986

Teubner, Ernst: Hugo Ball. Eine Bibliographie (= Bibliographische Hefte 1). Mainz 1992

Teubner: Lebensbild = Ernst Teubner: Hugo Ball. Ein Lebensbild in Umrissen. In: Michael Braun (Hg.): Hugo Ball. Der magische Bischof der Avantgarde. Heidelberg 2011, S. 9–28

Wacker: Dionysius DADA = Bernd Wacker (Hg.): Dionysius DADA Areopagita. Hugo Ball und die Kritik der Moderne. Paderborn 1996

Wacker: Nachwort. Byzantinisches Christentum = Bernd Wacker: Nachwort in: Hugo Ball: Byzantinisches Christentum. Hg. von Bernd Wacker, Göttingen 2011 (= Sämtliche Werke und Briefe. Bd. 7) S. 499–579

Wacker: Teufel = Bernd Wacker: ›Man muß den Teufel wieder an die Wand malen …‹ Anmerkungen zu Hugo Balls Projekt ›Exorzismus und Psychoanalyse‹. In: Hugo-Ball-Almanach Bd. 21/22, 1997/98, S. 121–166

Zimmermann: Nachwort. Folgen der Reformation = Hans Dieter Zimmermann: Nachwort. Ein unglücklicher Patriot. In: Hugo Ball: Die Folgen der Reformation. Zur Kritik der deutschen Intelligenz. Hg. von Hans Dieter Zimmermann, Göttingen 2005 (= Sämtliche Werke und Briefe. Bd. 5) S. 473–513

Dank

Ohne die Arbeit zahlreicher Wissenschaftler, die über Hugo Ball, Emmy Hennings und den Dadaismus geforscht haben, wäre diese Biografie nicht möglich gewesen. Ein Blick in das Literaturverzeichnis zeigt das wachsende Interesse an diesem Thema.

Bei meiner Darstellung lasse ich Hugo Ball und Emmy Hennings selbst ausführlich zu Wort kommen, um einen direkten Zugang zur Gefühls- und Gedankenwelt der beiden zu ermöglichen und eine unmittelbare Nähe zu den Protagonisten entstehen zu lassen. Für eine bessere Lesbarkeit zitiere ich hingegen nur sparsam direkt aus der Sekundärliteratur.

Den Forschern danke ich für ihre Arbeiten ebenso wie jenen, die ich im Rahmen dieser Veröffentlichung kontaktiert habe und die mir freundlicherweise meine Fragen beantwortet haben.

Mein Dank gilt Francesca Schütt-Hauswirth, der Enkelin Emmy Ball-Hennings, für ihre Unterstützung und Erlaubnis, Texte von Emmy Ball-Hennings zu verwenden, und Ernst Teubner, der mir wichtige Ratschläge gegeben hat. Ferner danke ich Bärbel Reetz für ihre fachliche Hilfe und die Anregungen, die ich aus ihrer Biografie »Emmy Ball-Hennings – Leben im Vielleicht« entnehmen konnte, und vor allem meiner Frau Sylvia Sobel für ihre uneigennützige Unterstützung, Ermutigung und Mitarbeit. Ohne sie wäre das Buch in dieser Form nicht möglich geworden.

Der Autor

Alfred Sobel, geboren 1954,

Theologe, Bibliothekar und Mediator,

arbeitet als Autor und Journalist in Berlin.

Er hat u. a. Bücher über Eugen Drewermann,

Theodor Storm, Immobilienkauf und

den Ratgeber „Pubertät für Anfänger“

(Graefe & Unzer 2012) veröffentlicht.

Er freut sich über Reaktionen seiner

Leserschaft per E-mail: jupeer@web.de